Henner Kotte

DIE
VERMAUERTE
FRAU

Henner Kotte

DIE VERMAUERTE FRAU

Authentische Kriminalfälle aus Leipzig

mitteldeutscher verlag

HENNER KOTTE, geb. 1963 in Wolgast, Germanist und Autor, lebt seit 1984 in Leipzig und ist Kulturredakteur beim Stadtmagazin *Blitz* und seit 2001 Moderator der kriminal-literarischen Talkshow „Schwarze Serie" in der Leipziger Moritzbastei.

Der Dank des Autors gilt Christine Enderlein, Sächsisches Staatsarchiv, sowie Petra Hesse, Leipziger Universitätsarchiv.

Bibliografische Information der Deutschen Nationalbibliothek
Die Deutsche Nationalbibliothek registriert diese Publikation in der Deutschen Nationalbibliografie; detaillierte bibliografische Daten im Internet unter http://d-nb.de.

2012
© mdv Mitteldeutscher Verlag GmbH, Halle (Saale)
www.mitteldeutscherverlag.de

Gesamtherstellung: Mitteldeutscher Verlag, Halle (Saale)

ISBN 978-3-89812-966-4

Printed in the EU

INHALT

„EIN SCHAUSPIEL OHNEGLEICHEN"

„Der Mensch ist ein Abgrund, es schaudert, wenn man hinabblickt", schrieb Georg Büchner. Woyzeck ist der erste deutsche Dramenheld, der ein Asozialer war. Büchners Theaterstück gehört zum Kanon der Weltliteratur. Es ist Zufall, dass der Schriftsteller vom Mörder aus Leipzig erfuhr. Die Mediziner stritten: War Woyzeck zurechnungsfähig oder nicht? Eine Frage, die auch heute in Prozessen beantwortet werden muss. Der Kannibale von Rothenburg, die Mörder von Mitja und Michelle, Anders Breivik – sind sie für ihre Taten voll verantwortlich? War es Johann Christian Woyzeck?

◼ Just am Morgen des Tattages, dem 2. Juni 1821, war auf dem Titel des *Leipziger Tageblatts* eine „Liebeserklärung im Geist der Zeit" zu lesen: „Wer hätte Ihrem Grazienwuchs, Ihrer junonischen Haltung, Ihrem schmachtendgebietenden, bezaubernden Auge widerstehen, wer dem unbeschreiblich sanften Wallen Ihres Lockenreichthums, Ihrer Lilien- und Rosenblüthe und dem unbeschreiblichen Wohllaut Ihrer Stimme unempfindlich und vernünftig bleiben können? Ich konnte es nicht! Ich war ganz Empfindung, und mein Verstand war dahin, und mit ihm zugleich mein ganzes eigentliches Ich. Sie sind meine Göttin, meine Königin, mein Alles! Sie sind die magische Spindel, um welche sich für mich das Weltall dreht! O ziehen Sie mich vollends an sich, und ich bleibe meinem Magnet getreu bis zum letzten Hauche meines Lebens ..." Johann Christian Woyzeck hatte nicht widerstanden. Am Abend des 2. Juni nach neun Uhr stach er mit einem reparierten Messer seine Woostin nieder.

„Er traf dieselbe Abends halb zehn auf dem Heimgange in ihre Wohnung auf der Sandgasse (heute Seeburgstraße); wurde von ihr zu derselben mitgenommen, im Eingange des Hauses aber durch einige beleidigende Worte von ihr zur Wuth gereizt, und in dieser unglückseligen Stimmung vollbrachte er die beschlossene Mordthat mit sieben Stichen mittelst des schon genannten Werkzeugs, von welchen Wunden die eine dergestalt gefährlich war, daß der Tod der Unglücklichen darauf erfolgte." Es ist Zufall, dass dieser Mord zu Leipzigs berühmtesten avancierte und Woyzeck zum Dramen- und zum Opernheld.

„Johann Christian Woyzeck wurde im Jahre 1780 hier in Leipzig geboren, wo sein Vater, Stephan Majorewsky Woyzeck, aus Polen stammend, Friseur war, und so wie seine Gattin einen unbescholtenen Ruf hatte, denn beide haben den Namen rechtlicher und braver Leute mit ins Grab genommen. Woyzeck verlor seine Mutter bereits im achten, seinen Vater aber im dreizehnten Jahre seines Alters, und dieser frühe Verlust seiner Aeltern hat höchst wahrscheinlich einen nicht unbedeutenden Einfluss auf seine sittliche Bildung und sein nachmaliges Leben gehabt. Der Vater, dessen Metier zur damaligen Zeit noch in besonderen Schwunge war, und der demselben, als sorgsamer Hausvater, mit ausgezeichnetem Fleiße oblag, konnte sich zwar die Erziehung seines Sohnes nicht als eigenes Geschäft angelegen sein lassen, aber er that, was in solchen Fällen die Pflicht jedes braven Vaters ist, er sorgte für den Unterricht desselben, und brachte ihn in die damals zum Wohl begründete Raths-Freischule, und sowohl er selbst, als auch seine Gattin, hatten dem Knaben durch ihr sittliches Verhalten keine schlimmen Vorbilder gegeben, ihn auch überhaupt, so viel sie vermocht, auf eine gute Bahn zu leiten gesucht, so daß, wenn er das Glück gehabt hätte, bis in seine reiferen Jünglingsjahre unter ihren Augen zu leben und von ihnen auf dem betretenen Wege fortgeführt zu werden, sein Wandel vielleicht in vieler Hinsicht besser geworden seyn und ihn wenigstens nicht am Abgrund des Verderbens geführt haben würde. Der Beweis, daß seine empfangene frühere Richtung gut und wünschenswerth gewesen seyn müsse, tritt daraus zur Genüge hervor, daß er sich während seiner Lehrzeit – er widmete sich dem Metier seines verstorbenen Vaters – noch ziemlich vorwurfsfrei betragen, wiewohl ihm der Umstand, daß er seinen ersten Lehrherren, ohne ihn hinlänglich entschuldigende Gründe, von selbst verlassen, zu keinem Lobe gereichen kann. Einen widerspenstigen, wild aufbrausenden Charakter, der dem Guten widerstrebt hätte, oder ein herrschendes Hinneigen zu irgend einem Laster, wollen glaubhafte Personen, die ihn in jener Zeit gekannt und beobachtet, durchaus nicht an ihm bemerkt haben.

In seinem achtzehnten Jahre begab sich Woyzeck in die Fremde, conditionirte, bald als Friseur, bald als Bedienter, in Wurzen, Berlin, Breslau, Töplitz und Wittenberg und kehrte nach Verlauf von sechs Jahren wieder nach Leipzig zurück, wo er sich, da er bei seiner Kunst kein Fortkommen fand, sein Brod mit Illuminiren der Kupferstiche und mit Arbeiten im Magazine verdiente, bis er wieder als Bedienter eine Anstellung bei dem Kammerrath Honig in Barneck fand; ein Umstand, auf welchen vielleicht ein besonderes Augenmerk zu richten seyn dürfte. Während dieser seiner Dienstzeit sowohl, als auch in seinen vorangegangenen Verhältnissen hat er immer noch ein gutes Zeugniß seines sittlichen

Betragens behalten, bis er durch eine hiesige Frauensperson, mit der er in engerem Verständniß gelebt, wegen ihrer aus Eifersucht zugefügter Mißhandlung, zum ersten Male bei der obrigkeitlichen Behörde denuncirt wurde, worauf er Leipzig wieder verließ, und im Herbst 1806 in Holländische Dienste trat. Im April 1807 gerieth er in Schwedische Gefangenschaft, wurde nach Stockholm transportirt, ging daselbst in Schwedische, und als sein Regiment späterhin in Stralsund von den Franzosen entwaffnet worden, in Mecklenburgische, darauf wieder in Schwedische, und nach der Abtretung von Schwedisch-Pommern endlich in Preußische Kriegsdienste, aus welchen er 1818 entlassen wurde. Hierüber war ein Zeitraum von 12 Jahren vergangen, während dessen man über sein sittliches Betragen hiesigen Ortes wenig befriedigende Auskunft hat erlangen können, indessen aber doch so viel erfahren hat, daß er zu Stralsund mit einer Weibsperson, namens Wiensbergerin, im vertrauten Umgange gelebt, mit derselben ein Kind erzeugt, sich dem Trunke ergeben haben, auch des Diebstahls wegen in Untersuchung und Strafe gezogen worden seyn soll.

Nach seiner Rückkunft im December 1818, lebte er in Leipzig eine Zeit lang, ohne bestimmte Beschäftigung, blos von wohltätigen Unterstützungen, mit welchem ihm unter andern Personen auch die Witwe des am Hospitalfieber verstorbenen Chirurgen Woost, die er als die Tochter seines zweiten Lehrherrn, Knobloch, schon von frühen Jahren her, gekannt hatte, entgegen kam, die auch den Miethzins für seine erste, durch sie besorgte Wohnung bezahlte. Nach dem Verlauf von sechs Wochen wartete er beinahe zwei Monate hindurch den Juden Samson Schwabe in Dessau, in seiner Krankheit; kam alsdann wieder nach Leipzig, und wohnte über fünf Vierteljahr, nämlich bis Johanni 1820, bei der Stiefmutter der Woostin, der Witwe Knoblochin, während welcher Zeit er bald auf hiesigen Wollboden arbeitete, bald durch Papparbeiten und Illuminiren, oder durch Bedienung hiesiger und fremder Herren sein Brod verdiente, sich aber auch, was schon früher sein Fehler gewesen, dem Trunke immer mehr ergab, und die Woostin, mit der er in vertrauteren Verhältnissen lebte, aus Eifersucht, zu welcher sie ihm durch ihren häufigen Umgang mit Soldaten Veranlassung gegeben, zu wiederholten Malen gemißhandelt, was durch mehrere Zeugenaussagen erwiesen ist. Diese seine Aufführung hatte dann die Folge, daß ihm seine Wohnung von der Knoblochin aufgesagt und er sich um eine andere bekümmern mußte. Von dieser Zeit an hatte er seinen Aufenthalt an sieben verschiedenen Orten, welcher öftere Wechsel theils durch seine Trunkenheit, theils durch sein unruhiges Benehmen, theils aber auch aus Unvermögen, seinen Miethzinß gehörig bezahlen zu können, veranlaßt wurde; ja er war sogar einmal in der Verlegenheit, ohne Obdach unter freien Himmel umherschweifen müssen. In allen diesen Verhältnissen dauerte aber sein Umgang mit der Woostin ununterbrochen fort, und es scheint, als ob er stets mehr ihrer Unterstützung, als sie der seinigen sich zu erfreuen gehabt habe, woraus sich denn seine besondere Anhänglichkeit an diese Person ganz natürlich erklären lasset. Auch konnte ihn die Erkaltung ihrer Neigung gegen ihn nicht gleichgültig seyn, denn er verlor ja in ihr nicht blos eine Befriedigerin seiner Gelüste, sondern, was eine weit größere Bedeutung hatte, eine Stütze in seiner fortwährend mißlichen Lage, und der Gedanke, die Unterstützungen, welche er bis dahin von ihr genossen, Andern zugewendet sehen zu sollen, mußte ihm, bei seinen so wüsten Gesinnungen, unerträglich werden; um so mehr, da er, seines

Trunkes wegen bei keiner Beschäftigung lange anzudauern vermochte, in keinem Dienstverhältniß geduldet werden konnte, mithin unfähig war, sich jemals einen soliden und dauernden Broderwerb zu sichern. Ob es hingegen von der Woostin, die, in Unsittlichkeit schon längst untergegangen, sich nur noch in steter Abwechslung neuer Gegenstände ihrer wilden Begierden gefiel, zu erwarten war, einzig für einen Menschen, wie Woyzeck zu leben, das läßt sich leicht beurtheilen; nur Furcht vor seinen Mißhandlungen konnte sie von einem völligen Bruche mit ihm zurück halten, und das Verhältniß beider Personen zu einander mußte mit jedem Tage peinlicher werden. Mehr hingegeben an Andere, gestattete die Unglückliche dem immer mehr Verwildernden doch noch von Zeit zu Zeit einigen Zutritt, ohne zu ahnen, daß derselbe bereits mit dem furchtbaren Gedanken, sie des Lebens zu berauben, schwanger gehe. Das war aber bei ihm schon der feste Entschluß geworden, denn er hatte eigens dazu eine alte Degenklinge gekauft, solche in ein Gefäß stoßen lassen, und führte sie am 2. Juni 1821, wo er der Woostin aufzulauern beschlossen hatte verborgen bei sich." Die Geschichte eines gescheiterten Menschen. Schwer zu unterscheiden, was hier auf Kosten der Zeitverhältnisse und was auf Rechnung des Charakters geht. Schicksal und Tatbegehung stechen mit keinem Merkmal aus der Alltäglichkeit heraus. Diese Geschichte findet in Variationen bis heute statt, nicht immer mit tödlicher Konsequenz.

„Es ist übrigens bekannt, daß der Übelthäter gleich nach der That ergriffen und zum Gewahrsam gebracht wurde, daß er die begangene That sofort ohne Abweichung bekannte." Das gebrauchte Mordinstrument wollte er am Roßplatz von sich werfen, die dortigen Menschenmengen verhinderten dies, sodass man es ihm bei der Verhaftung abnehmen konnte. Die Tatsachen lagen klar, der Täter geständig, die Einleitung eines *Criminalprocesses* wurde auf keine Weise erschwert. Die Anklage lautete: Mord. Johann Christian Woyzeck hatte den Tod der Johannen Christianen Woostin geplant, allein schon, dass er an eine abgebrochene Degenklinge noch selbigen Nachmittags einen Griff hatte befestigen lassen, sprach für den Vorsatz. Es war ein kurzer Prozess zu erwarten.

Aber „schon im ersten Stadium der gerichtlichen Untersuchung hatte sich der Verteidiger, Herr Handelsgerichtsaktuarius Hänsel darauf berufen, Woyzeck sei nicht zurechnungsfähig, habe die Tat in einem Zustand der Geistesstörung begangen, dürfe daher nicht verurteilt oder gar hingerichtet werden. Am 23. August 1821, also zwei Monate nach der Mordtat, wurde eine gerichtsärztliche Untersuchung angeordnet und Hofrat Clarus vom Gericht als Gutachter bestellt. Nachdem er im August und September Woyzeck fünfmal untersucht und sich mit ihm unterhalten hatte, erstattete er am 16. September sein Gutachten. Clarus kam zu dem Ergebnis, aus Woyzecks Angaben über sein bisheriges Leben ergebe sich kein Anhaltspunkt für das Vorliegen einer Geistesstörung. Die ärztliche Untersuchung gebe ebensowenig ein Merkmal, welches auf ein Dasein eines kranken, die ,freie Selbstbestimmung und die Zurechnungsfähigkeit aufhebenden Seelenzustandes zu schließen berechtige'. Das Gericht stellte demgemäß in einer ersten Entscheidung vom 11. Oktober 1821 die volle Verantwortlichkeit des Mörders fest. Die Verteidigung plädierte am 3. Dezember 1821 von neuem zugunsten des Angeklagten. Das Urteil vom 28. Februar 1822 aber verurteilte Woyzeck zum Tode durch das Schwert. Zwei Gnadengesuche des Verteidigers wurden am 26. August und 19. September abgelehnt. Inzwischen jedoch hatte Woyzeck beim Besuch eines Geistlichen erklärt, er habe schon viele Jahre vor der Mordtat ‚fremde Stimmen‘ um sich gehört, die ihm zugerufen hätten: ‚Stich die Woostin tot!‘ und ein andermal „Immer drauf, immer drauf!‘ Er habe darauf gesagt: ‚Das tust du nicht‘, aber die Stimme habe erwidert: ‚Du tust es doch!‘ Auch Geistererscheinungen habe er erblickt. Nun beantragte der Verteidiger am 27. September 1822 eine neue, gründlichere gerichtsärztliche Untersuchung Woyzecks. Er verlangte an Stelle von Hofrat Dr. Clarus solle der Leipziger Universitätsprofessor Heinroth als Gutachter bestellt werden. Die sächsische Landesregierung entschied am 28. Oktober, eine neue Begutachtung sei nicht notwendig. Der 13. November wurde als Hinrichtungstermin angesetzt.“ Die Ankündigung wurde von den städtischen Kanzeln verlesen. Leipzig bereitete sich auf das Spektakel vor. „Am 5. November trat aber ... ‚ein Privatmann‘ (der Leipziger Privatgelehrte Dr. Johann Adam Bergk) ‚mit der schriftlichen Anzeige auf, daß ihm von namhaft gemachten Augenzeugen versichert worden sei, der Delinquent habe wirklich von Zeit zu Zeit Handlungen vorgenommen, welche Verstandesverwirrung zu verraten schienen‘. Der Verteidiger schaltete sich sofort ein und erreichte, daß am 10. November in aller Frühe die Urteilsvollstreckung ausgesetzt wurde. Das Gericht beauftragte Dr. Clarus erneut, eine eingehende Untersuchung vorzunehmen und ‚alle auf die Beurteilung des Falles Bezug habenden Lebens-, Gesundheits- und Geistesumstände des Inquisiten‘ zu erkunden. Noch vor Abschluß der erneuten Untersuchung hatte der Verteidiger eine neue umfangreiche Verteidigungsschrift eingereicht und das Gericht gebeten, einen anderen Gutachter zu bestellen. Am 4. Oktober 1823 wies das Gericht diese erneuten Einwendungen zurück. Dem Verteidiger blieb nun nichts anderes übrig, als ein Gnadengesuch einzureichen. Die Landesregierung entschied am 23. Januar des folgenden Jahres, das Gnadengesuch sei in jedem Falle abzulehnen, dem Antrag auf Begutachtung des Falles durch die Leipziger Fakultät könne dagegen stattgegeben werden. Diese neue Entscheidung war wohl hauptsächlich durch den Wunsch des Gutachters Clarus bestimmt, die Verantwortung nicht allein tragen zu müssen. Er war nach wie vor von der Richtigkeit seiner Feststellungen überzeugt, sah sich aber jetzt bereits, noch während des schwebenden Prozesses, in der Fachwelt heftig kritisiert, so daß es ihm lieb sein mußte, die Autorität der Leipziger Medizin-Professoren für sich anführen zu können. Am 17. April gab die Leipziger medizinische Fakultät ihr Gutachten ab, worin sie die beiden Gutachten des Hofrats Clarus in vollem Umfange und mit allen Schlußfolgerungen akzeptierte. Damit war Woyzecks Schicksal entschieden." In Dresden hielt es der Neffe des Königs, der spätere König Friedrich August II., für gerechter, Woyzeck in eine „Versorgungsanstalt", denn aufs Blutgerüst zu schicken. Es sei „ein geringeres Unglück, wenn hundert Schuldige mit dem Leben durchkommen, als wenn ein Einziger Unschuldiger ums Leben gebracht wird". Allein der König war anderer Meinung: „Die Vollstreckung der Strafe soll gebührend nachgegangen werden", ließ er das Leipzig Kriminalamt am 10. August 1824 wissen. Angesetzt wurde sie den 27. August 1824. Ab halber neun Uhr vormittags durfte man den Markt betreten.

Am 20. August 1790 – fast auf den Tag genau vor 34 Jahren – war das letzte Todesurteil in Leipziger am Mörder Johann Heinrich Gottlob Jonas vollstreckt worden. 1823 war Woyzecks Hinrichtung drei Tage vor dem Termin abgesagt worden. Der Stadtrat ahnte, dass Menschenmassen der Urteilsvollstreckung beiwohnen wollten, und ließ am 23. August vorsorglich Plakate hängen: „Nächst bevorstehenden Freytag wird auf hiesigem Markte der zum Tode verurtheilte Delinquent Johann Christian Woyzeck hingerichtet werden. Wir dürfen nun zwar voraussetzen, daß sämtliche Bürger und Einwohner der Stadt Leipzig von selbst geneigt seyn werden, ihrerseits sich so zu benehmen, daß die gewohnte Ruhe und Ordnung, auch bei der eingangs erwähnten Execution in irgendeiner Art nicht gestöhrt werde, und es ist daher nur eine Erinnerung an die Mittel zur Erhaltung der Ruhe und Ordnung, wenn wir die gesamte hiesige Einwohnerschaft auffordern, sich selbst still zu bezeigen, und alle Ungelegenheit zu vermeiden, auch die Ihrigen, insbesondere Lehrpursche und Gesinde möglichst im Hause zu halten, ferner, daß diejenigen, welche auf dem Markt, wo die Execution erfolgen soll, sich begeben und letztere mit ansehen wollen, sich allen ungestümen Drängen schlechterdings enthalten. Sollte aber wider Erwarten irgendjemand dem entgegen handeln, so würde er die daraus entstehenden Unannehmlichkeiten und unausbleibliche Strafe sich selbst beimessen müssen. Zur Sicherung des Publikums ist die Anordnung getroffen worden, daß am 27. August, von früh sieben Uhr an bis nach beendigter Execution die sämtlichen inneren Stadttore für Wagen gesperrt werden, auch Wagen den Marktplatz und die dahinführenden Gassen schlechterdings nicht befahren dürfen, so wie wegen der Lebensgefahr, die für die Untenstehenden aus dem Herabfallen der Ziegel und sonst erwachsen könnte, hiermit auf das gemessenste und bey Vermeidung von zehn Talern Strafe untersagt wird, in den Häusern um den Marktplatz herum und in dessen Nähe die

Dächer aufzudecken oder gar Gerüste anzubringen, auch dürfen während der Hinrichtung auf dem ganzen Marktplatze und in den Straßen und Gassen in dessen Nähe Wagen, Fässer und dergleichen für Zuschauer schlechterdings nicht aufgestellt werden." Es half nichts, der Marktplatz war übervoll. Man blickte aus Luken und Fenstern, rollte die Fässer, um auch von den hinteren Plätzen gut Sicht zu haben. Für Honoratioren gab es Eintrittskarten: „Eingang auf dem Naschmarkte durch die kleine Rathausthüre."

Die weiteren Wege waren vorgewiesen. „Heute vormittag von neun Uhr an wurde das hochnotpeinliche Halsgericht auf die nachstehend ausführlich beschriebene Tat abgehalten, der Inquisit Johann Christian Woyzeck vor dasselbe gestellt und von dem Herrn Criminalrichter Dr. Christian Adolph Deutrich befragt, ob er am 2ten Juni 1821 Johannen Christianen Woostin mit einem dolchähnlichen Instrument, wofür er bey sich geführt, mehrere Stiche in die Brust beigebracht habe und ob er dieser Tat nochmals geständig sey? Nachdem nun Woyzeck auf beide Fragen mit einem vernehmlichen Ja geantwortet hatte, wurde der Leibertod über ihn gesprochen, der Stab zerbrochen, Woyzeck dem Scharfrichter Johann Reinhard Körzinger übergeben und das Halsgericht aufgehoben. Woyzeck wurde sodann auf den Leipziger Markt zur Hinrichtung abgeführt." Dort bestieg die Delegation das aus Holz gezimmerte Schafott. Woyzeck machte in seinen letzten Augenblicken den Eindruck eines ungewöhnlich kaltblütigen Menschen. In einem späteren Nachtrag zu seinem Gutachten muss Clarus – gleichsam widerwillig – zugeben, Woyzeck habe „das Blutgerüst in einer Fassung bestiegen, als stiege er in einem Reisewagen". Sein letztes Gebet hatte Woyzeck aufgesetzt und auswendig gelernt. „Vater, ich komme! Ja, mein himmlischer Vater, du rufst mich, dein gnädiger Wille geschehe, Dank, herzlicher Dank, Preis und Ehre sey dir, Allerbarmer, daß du bei aller meiner großen Schuld dennoch liebreich auf mich blickst und mich würdigst, dein zu seyn, Dank sey dir, daß du nach so vielen ausgestandenen Leiden die Thränen trocknest, deren ich dir so manche weinte. Vater! Ich befehle meinen Geist in deine Hände! Dir leb ich, dir sterb ich, dein bin ich tod und lebendig. Amen! Herr hilf! Herr laß es wohl gelingen!" Es gelang wohl.

„Im Theater mag der entzückte Zuschauer dem Mimen durch Beifallzeichen lohnen: hier unterbreche nichts die tiefe Stille, hier störe nichts die ängstlich schlagenden Herzen, hier bete der Christ für des Sünders und für seine Seele! Hier preise der Christ, beseelt von heißem Dankgefühle, die allwaltende Güte Gottes, die ihn bis jetzt bewahrte, und er flehe die Fürsehung an, rein und frei von lastender Schuld stets aufblicken zu können." Trotzdem schickte die Mehrzahl der Versammelten ein schallendes „Bravo!" in die Lüfte. Der sächsische Scharfrichter Johann Nicolaus Körzinger „hieb mit so großer Geschicklichkeit und so schnell Woyzecks Kopf ab, sodaß er noch auf dem breiten Schwerte saß, bis der Scharfrichter das Schwerdt wendete und er herabfiel. Der Leichnam wurde sodann in das Theatrum anatomicum abgeführt." Anatomische Übungen waren nur an unreinen Körpern gestattet.

Leben, Tat und Schicksal dieses Mörders „stehen in einem großen Zusammenhang: im Übergang zwischen zwei Formen der Beurteilung der menschlichen Seele und ihrer Geheimnisse, zwischen der Flucht in das Undeutbare und dessen plumper Deutung aus dem Körperlichen, zwischen der idealistischen, romantischen, okkultistischen Deutung des Seelischen und seiner Zurückführung auf Stoffwechsel und Blutkreislauf." Und trotzdem wurde Woyzeck „in erster Linie nicht ein Opfer der damaligen Erkenntnisse der Medizin, sondern vielmehr ein Opfer der damals noch unzulänglichen Gerichtsbarkeit", denn die Definitionen und Systematik der Psychiatrie waren noch nicht gefasst. Eine unzureichende Diagnostik kann dem Dr. Clarus nicht zum Vorwurf gemacht werden. Nach heutigen Maßstäben hätten dem Mörder mildernde Umstände ohne Zweifel zugestanden. So ist auch die Wirkung dieses Kriminalfalles auf die Zeitgenossen zu begreifen. Die Diskussion „erklärt die Bedeutung, die jener im Grunde banale Mord, eine Tat aus den ‚Vermischten Nachrichten' für die Seelenforscher der Zeit, und nicht nur für die Fachgelehrten, gewinnen konnte. Das erklärt auch die Verwandlung jenes ‚fait divers' in ein ewiges Werk deutscher Dichtung, in eine ihrer kühnsten und großartigsten Gestaltungen: Georg Büchners Woyzeck-Drama." Büchner hat die Gutachten des Hofrats Clarus gekannt, das geht aus den verschiedenen Fassungen des Dramas klar hervor. Und Clarus war nicht der einzige Mediziner, der sich zum Fall äußerte. Die in den Gutachten „berichteten Lebensumstände und überlieferten Äußerungen des historischen Woyzecks kehren größtenteils im Werk wieder, sind gewandelt und aufgelöst ... Vermutlich las Büchner die Berichte des Hofrats in Henkes ‚Zeitschrift für Staatsarzneikunde'. Der Vater Ernst Büchner war Mitarbeiter dieser Zeitschrift und besaß die gesammelten Jahrgänge."

Im Fragment gebliebenen Drama wird der Getriebene, der Gedemütigte, der Außenseiter Held. Erst zu Georg Büchners 100. Geburtstag 1913 wurde das Schauspiel am Münchner Residenztheater uraufgeführt. Rainer Maria Rilke schrieb vom „Schauspiel ohnegleichen". Zwölf

Jahre später hatte Alban Bergs Oper „Wozzeck" Premiere. Seitdem ist Woyzeck von den Bühnen der Welt nicht mehr wegzudenken: „Der Mensch ist ein Abgrund, es schwindelt einem, wenn man hinabsieht …"

„WEM SIE JUST PASSIERET ..."

Am Wochenende geht man tanzen. Das ist heute nicht anders als vor 150 Jahren. Im Sommer nahm Gustav Heinrich Wilhelm seine Johanne Auguste Abicht und führte sie nach Anger. Sie durchtanzten die Nacht. Am Morgen fand man beide entseelt am Feldrain. Erschossen. Ein Doppelselbstmord. Seit Jahrhunderten beeindruckt die Liebesgeschichte von „Romeo und Julia". Bis heute gehen Paare gemeinsam in den Tod, weil sie zusammen keine Zukunft für sich sehen. Nicht über jedes dieser Liebespaare wird Weltliteratur geschrieben. Über die Toten auf der Sellerhäuser Flur schon.

◼ „Diese Geschichte zu erzählen würde eine müßige Nachahmung sein, wenn sie nicht auf einem wirklichen Vorfall beruhte, zum Beweise, wie tief im Menschenleben jede jener Fabeln wurzelt, auf welche die großen alten Werke gebaut sind. Die Zahl solcher Fabeln ist mäßig: aber stets treten sie in neuem Gewande wieder in die Erscheinung und zwingen alsdann die Hand, sie festzuhalten." Die Geschichte von Sali und Vreni, von „Romeo und Julia auf dem Dorfe", spielt „an dem schönen Flusse, der eine halbe Stunde entfernt an Seldwyl vorüberzieht". Tatsächlich aber hatte sie sich am 16. August 1847 in Sellerhausen bei Leipzig zugetragen. Eine kurze Meldung in der *Züricher Freitagszeitung* vom 3. September hatte Gottfried Keller inspiriert: „Im Dorfe Altsellerhausen, bei Leipzig, liebten sich ein Jüngling von 19 Jahren und ein Mädchen von 17 Jahren, beide Kinder armer Leute, die aber in einer tödtlichen Feindschaft lebten, und nicht in eine Vereinigung des Paares willigen wollten. Am 15. August begaben sich die Verliebten in eine Wirthschaft, wo sich arme Leute vergnügten, tanzten daselbst bis Nachts 1 Uhr, und entfernten sich hierauf. Am Morgen fand man die Leichen beider Liebenden auf dem Felde liegen; sie hatten sich durch den Kopf geschossen." Noch immer bewegt diese Geschichte, und „wem sie just passieret, dem bricht das Herz entzwei".

Die Existenz des Dörfchens Sellerhausens reicht ins 9. Jahrhundert zurück. Deutsche Bauern besiedelten im 12. Jahrhundert die fruchtbaren Auen der Rietzschke. 1525 wurde das Dorf an den Rat der Stadt Leipzig verkauft. Im Dreißigjährigen Kriege brannte es nieder. Die Apelsteine No. 41 und No. 48 erinnern an die Völkerschlacht. 1814 lebten in 18 Häusern 180 Einwohner. 1830 wurde auf dem heutigen Kirchplatz der Friedhof geweiht.

„Allgemeines Entsetzen erregte in und außerhalb unserer Gemeinden das schreckliche Ende des Gustav Heinrich Wilhelm und der Johanne Auguste Abicht, welche am 16. August auf Sellerhäuser Flur erschossen gefunden wurden", berichtet das *Leipziger Tageblatt* am 15. September nach den bei dem „Königl. Kreisamte darüber ergangenen Acten mitgetheilt" von Pastor M. Volbeding. „Gustav Heinrich Wilhelm, 18 Jahre alt, war ein nachgelassener Sohn des Schmiedemeisters Carl Gottlieb Wilhelm in Großböhla, dessen Mutter jetzt in Zävertitz lebt. Johanne Auguste Abicht, Tochter des Brodbäckers Heinrich Christian Abicht in den Straßenhäusern bei Volkmarsdorf, wurde geb. in Volkmarsdorf den 25. Febr. 1831. Zwischen Beiden fand seit längerer Zeit ein Liebesverhältniß Statt und obwohl Wilhelm von seinen Anverwandten gewarnt wurde, das Verhältniß aufzugeben, da er durch dasselbe zu einem Aufwande veranlaßt werde, welcher seinen Verdienst übersteige, so erneuerte sich dasselbe doch wieder. Am Sonnabend den 14. August wohnten Beide einem Tanzvergnügen im *Odeon* in Leipzig bei, und kehrten von demselben erst Sonntag den 15. früh um 7 Uhr zurück. Diesen Sonntag sollten sowohl Wilhelm als auch die Abicht zu Hause zubringen, von seinen Anverwandten war es wenigstens Wilhelm ausdrücklich untersagt, auszugehen. Nichts desto weniger nahmen Beide am Sonntag Abend an dem Tanze auf den drei Mohren, in Anger, Antheil. Das Mädchen in ihrer gewöhnlichen Hauskleidung. Bis nach 1 Uhr früh, Montag den 16., sollen sie in dem Saale anwesend gewesen sein.

Am Morgen des 16. August, Montag, sah die Ehefrau des Hausbesitzers Schmidt aus Sellerhausen, welche auf einem Stück Pachtfelde beschäftigt war, in einiger Entfernung Beide liegen, ohne sich indeß näher um sie zu bekümmern, da sie der Meinung war, es seien zwei schlafende Personen. Der Erste, welcher die Entseelten, ungefähr halb 10 Uhr Vormittags, fand, war der Gutsbesitzer Herr Axmann aus Sellerhausen. Dieser gewahrte neben den Leichnamen ein Pistol, einige Pappkästchen – in einem derselben war ein Haarband befindlich – und eine kleine Düte mit Schießpulver. Durch Herrn Axmann wurde der Gutsbesitzer und Gerichtsschöppe, Herr Fichtner, sogleich in Kenntniß von dem Geschehnen gesetzt und während durch denselben die Anzeige bei dem Königl. Kreisamt – welches die Obergerichte ausübt – erfolgte, war der zum Flurschutz in Sellerhausen anwesende Schütze als Wache zu den Leichnamen gestellt.

Die Leichname lagen in Sellerhäuser Flur an dem Fußwege, welcher von Anger nach Sellerhausen durch die Kohlgärten führt und zwar zur linken Seite dieses Weges, in der

Richtung von Anger her. Dort lagen die beiden Körper dicht neben einander auf dem Erdboden lang ausgestreckt; sie lagen auf dem Rücken, das Mädchen zur rechten Seite, mit der Kopfseite zunächst an einigen Büschen. Der Nachtwächter Härtig aus Sellerhausen fand, ungefähr 15 Schritte von den Leichnamen entfernt, ein zweites Pistol auf und näher nach den Leichnamen lag der dazu gehörige Ladestock, so verbogen, daß er in dieser Krümmung zum Laden nicht mehr als tauglich betrachtet werden konnte. Da der Andrang von Menschen eine genauere Erörterung der Sache und Untersuchung der Leichen an Ort und Stelle unmöglich machte, so begab man sich nach Sellerhausen und die Leichname wurden daselbst im Spritzenhause niedergelegt.

Der zum Flurschutz in Sellerhausen anwesende Schütze gab an, daß er vergangene Nacht, ungefähr um 2 Uhr, drei Schüsse habe fallen hören, die beiden ersten in schneller Aufeinanderfolge, den dritten ungefähr 10 Minuten später; da indeß von den Flurwachen öfters geschossen würde, sei ihm dies nicht auffällig gewesen.

Die nähere Besichtigung und Untersuchung der Leichname ergab nun vor Allem das augenblicklich Tödtliche der Verwundungen, denn bei Wilhelm war der Kopf völlig zerstört; bei dem Mädchen dagegen war die linke Seite des Gesichts aufgerissen, die Kinnlade und die hintern Halsknochen zerschmettert und gänzlich zerstört, während der obere Theil des Kopfes ohne Verletzung war. In dem Gesichte war keine Spur von Pulverbrand zu sehen. Aller Wahrscheinlichkeit nach wurde das Mädchen von Wilhelm erschossen und dann entleibte er sich selbst. Seine Hände waren voll Blutflecken und von Pulver geschwärzt. Nach dem, was vorlag, so weit menschliches Urtheil reicht, war Wilhelm Mörder und Selbstmörder zugleich; sein Leichnam wurde an die Anatomie zu Leipzig abgegeben, während den Angehörigen der Abicht überlassen blieb, dieselbe, jedoch nur in der Stille, zu beerdigen.

Die Pistolen, deren sich Wilhelm zu dem Verbrechen bediente, waren zwei schwere Cavalleriepistolen; in der einen derselben, welche von Hrn. Axmann aufgefunden worden war, befand sich noch die Ladung und zwar so übermäßig stark, daß die Hälfte des Laufes vollgepfropft war; wenn daher die andere, mit welcher Wilhelm die That vollführte, eine gleich starke Ladung enthalten hatte, so läßt sich die entsetzliche Wirkung erklären und ebenfalls ist es augenscheinlich, daß das Pistol, nach dem Abfeuern, bis auf die angegebene Entfernung zurückgeschleudert werden mußte.

Ueber die Ursachen des Mordes und Selbstmordes sind die verschiedensten, oft widersprechendsten Gerüchte im Umlauf; ebenso beschäftigt man sich eifrig damit, ob das Mädchen von dem Vorhaben unterrichtet gewesen und sie, mit ihrer eigenen Zustimmung, sich den Tod geben ließ, oder nicht. Alles dies sind immer nur Vermuthungen und können zu Nichts führen. So viel steht fest, daß zwischen den beiden jugendlichen Verirrten ein Verhältniß stattfand, wie es in ihren Jahren nicht stattfinden sollte und daß das Schaudererregende der That noch gesteigert wird durch die im Tanz durchschwärmten Nächte."

Das Phänomen des Doppelsuizids ist nicht selten. Die juristische Bewertung pendelt. So brachte Heinrich von Kleist am 21. November 1811 am kleinen Wannsee bei Berlin auf deren Wunsch erst Henriette Vogel und dann sich selbst ums Leben. Da Kleist seine todeswillige, an Gebärmutterkrebs erkrankte geistige Freundin tötete, würde es strafjuristisch nicht als Doppelselbstmord gewertet: Es wäre eine Tötung auf Verlangen der Henriette Vogel und ein Selbstmord Kleists.

Der Gymnasiast Rudolf Dietzen kam 1909 nach Leipzig, da sein Vater ans Reichsgericht versetzt worden war. Rudolf galt als Außenseiter. Er schrieb einem verehrten Mädchen Liebesbriefe und denunzierte sich bei deren Mutter mit anonymen Schreiben selbst. Dietzens Vater nahm den Sohn von der Schule und versetzte ihn ins Internat nach Rudolstadt. Dort verabredete Rudolf mit seinem Freund Hanns Dietrich von Necker den gemeinsamen Freitod. Die Freunde tarnten das Vorhaben als Duell. Von Necker starb. Dietzen überlebte schwer verletzt, wurde strafrechtlich belangt und psychiatrisch behandelt. Wenn das Vorhaben der beiden wie geplant in die Tat umgesetzt worden wäre, wäre auch das kein Doppelsuizid, sondern als eine wechselseitig begangene Tötung auf Verlangen zu werten gewesen. Für seine schriftstellerische Laufbahn benannte sich Rudolf Dietzen nach grimmschen Märchen Hans Fallada. Sein erster veröffentlichter Roman „Der junge Goedeschal" schildert die Affäre und zitiert die Liebesbriefe.

„Ohhh Einsamkeit!/Sieh, oh, das Feuermal meines Leids!", schreit der „Ringende" in Johannes R. Bechers Kleist-Hymne. Auch dieser Autor versuchte 1910 in München, sich und seine sieben Jahre ältere Geliebte zu töten. Er schoss verabredungsgemäß zuerst auf sie und dann auf sich selbst. Die Frau starb. Becher überlebte. Offensichtlich war die Tat dem Vorbild Kleists nachgetan. Becher wurde wegen Tötung auf Verlangen angeklagt. Er entging jedoch der Verurteilung, sein Vater war Richter am Landgericht München und ließ den Sohn für unzurechnungsfähig erklären. Jahrzehnte später überzeugte Becher Fallada, am Aufbau des Sozialismus in der sowjetischen Besatzungszone mitzuhelfen. „Fühlte bebend meine schmerzhafte / Einsamkeit und das grausam / Lohende Herz der Erde durch die Nacht."

Die Beispiele solch zwiefachen Freitods sind fortzuführen. „Was nützt die Liebe in Gedanken" folgt der Steglitzer Schülertragödie. Wegen der Ausweglosigkeit ihrer Liebesbeziehungen verabredeten sich vier Schüler 1927 zum gemeinsamen Selbstmord. Kronprinz Rudolf und Marie Vetsera, Stefan und Charlotte Zweig, Adolf Hitler / Eva Braun, Gert Bastian/Petra Kelly, Eberhard und Helga von Brauchitsch, Senta Berger und Bruno Ganz im Film „Satte Farben vor Schwarz". Auch in Telenovelas, Soaps, der „Lindenstraße" und dem „Tatort" war Doppelselbstmord Thema. Die jungen Helden in Igor Bauersimas Zweipersonenstück „Norway today" kommen übers Internet in Kontakt. Sie vereinbaren ein Treffen zu ihrem Sprung vom Preikestolen, einem 600 Meter hohem Felsplateau in Norwegen. Die letzte Regieanweisung lautet: „Beide ab."

1. Januar 2004: „Eine junge Polizistin und ihr befreundeter Kollege haben sich in der Neujahrsnacht im schwäbischen Merching mit der Dienstwaffe erschossen. Die Leichen der 22-Jährigen und des zwei Jahre jüngeren Beamten der Bereitschaftspolizei wurden am Donnerstagmorgen auf einer Wiese nahe einem Wohngebiet der kleinen Gemeinde gefunden. Die beiden Berufsanfänger waren ledig, aber nach Angaben der Polizei eng befreundet. Als Motiv gilt eine Beziehungskrise. Die Frau hatte sich die Tatwaffe zuvor in ihrer Dienststelle geholt."

5. Dezember 2006: „Zwei Polizeibeamte haben in der Nacht zum Dienstag kurz vor Mitternacht einen Doppelselbstmord am Münchner U-Bahnhof Westfriedhof verhindert. Der Mann hatte zuvor bei der Polizei angerufen und

erklärt, seine Freundin plane, sich dort vor die U-Bahn zu werfen. Vor Ort machte er den Eindruck, dies ebenfalls tun zu wollen. Hand in Hand schritten die beiden auf das Gleis zu, als die U-Bahn einfuhr. Sie konnten von den Beamten zurückgezogen werden."

2. Juni 2007: „Vor einigen wahrlich entsetzten Augenzeugen sprang in Nürnberg-Langwasser ein junges Paar von einem der Hochhäuser der Zugspitzstraße in den Tod. Zeugenberichten zufolge hat es sich hierbei um eine 16-jährige und ihren wohl gleichalten Freund gehandelt. Die Polizei entdeckte nach weiteren Untersuchungen einen Abschiedsbrief. Nähere Details gab sie allerdings nicht bekannt. Unklar ist weiterhin, wie es den beiden möglich war, in das Hochhaus und vor allem auf das Dach zu kommen. Ein Pressesprecher der Polizei ließ lediglich verlauten, dass sich ein Doppelsuizid Jugendlicher ereignet habe."

„„Es ist so gut wie getan, es nimmt dich niemand mehr aus meiner Hand als der Tod!' rief Sali außer sich. Vrenchen aber atmete hoch auf, Tränen der Freude entströmten seinen Augen; es raffte sich auf und sprang leicht wie ein Vogel über das Feld gegen den Fluß hinunter. Sali eilte ihm nach; denn er glaubte, es wolle ihm entfliehen, und Vrenchen glaubte, er wolle es zurückhalten. So sprangen sie einander nach, und Vrenchen lachte wie ein Kind, welchen sich nicht will fangen lassen. ,Bereust du es schon?' rief eines zum andern, als sie am Flusse angekommen waren und sich ergriffen; ,Nein! Es freut mich immer mehr!' erwiderte ein jedes. Aller Sorgen ledig, gingen sie am Ufer hinunter und überholten die eilenden Wasser, so hastig suchten sie eine Stätte, um sich niederzulassen; denn ihre Leidenschaft sah jetzt nur das Rauschen der Seligkeit, der in ihrer Vereinigung lag, und der ganze Wert und Inhalt des übrigen Lebens drängte sich in diesem zusammen; was danach kam, Tod und Untergang, war ihnen ein Hauch, ein Nichts, und sie dachten weniger daran, als ein Leichtsinniger denkt, wie er den andern Tag leben will, wenn er seine letzte Habe verzehrt."

EIN HAUCH IM NACKEN

Öffentliche Hinrichtungen waren Volksfeste. Würstchen wurden verkauft, Bier ausgeschenkt. Der Bürgermeister sah sich veranlasst, zur Besonnenheit des Publikums aufzurufen. 1854 hatte man die Guillotine auf den Gerberwiesen vor Leipzigs Stadttoren aufgestellt. Carl August Ebert hatte in der Stadt geraubt und gemordet. Als man ihn endlich überführte, war sein Strafregister länger, und er war bereits andernorts „zum Tod durchs Rad von unten herauf" verurteilt worden. In Leipzig vollstreckte man's durchs Fallbeil. Es war die letzte öffentliche Hinrichtung in der Stadt. Unter dem Hurra der Massen fiel August Eberts Kopf. Todesurteile allerdings wurden in Leipzig bis 1981 vollstreckt.

■ „Das Schafott, zu welchem drei Stufen in die Höhe führten, war vielleicht vier- bis fünfhundert Schritt von dem Ufer der Parthe errichtet … Wagen und Stände mit Kaffee-, Bier- und Schnapsverkäufern; Händler mit Semmeln, Kuchen, Brot, Fleischwaren und Wiener Würstchen wechselten mit Kolporteuren, welche Mordtaten und Hinrichtungen in Poesie und Prosa laut zum Verkaufe anboten, ab. Alles lachte, drängte und machte mehr oder minder rohe und zweideutige Witze. Mehrere industriöse Leute waren mit ganzen Wagen voll Stühlen und Holztischen erschienen, welche sie an die Zuschauer vermieteten und wobei sie reißenden Absatz fanden." Ein Volksfest angesichts des Todes. „Trotz des regnerischen Wetters und des durchweichten Bodens des Platzes hatten sich doch 20 000 Menschen, eher mehr denn weniger, allein fast ausschließlich der unteren Classen angehörend, als Zuschauer eingefunden. Bei der Ankunft des Gerichtszuges begaben die richterlichen Personen sich auf die für dieselben errichtete Tribune. Der Delinquent, welchen Herr Archidiakonus Dr. Tempel bis an das Schafott begleitete, bestieg dasselbe anscheinend gelassen, und nach einer von Herrn Criminalrichter Dr. Rothe gehaltenen kurzen Ansprache an die Versammlung hatte die Execution ohne die mindeste Störung ihren ernsten und raschen Verlauf. Die versammelte große Menschenmenge verhielt sich ruhig und schweigsam und entfernte sich ebenso, ohne daß, wie rühmend anzuerkennen ist, die geringste Unzüglichkeit vorkam."

Es war die letzte öffentliche Hinrichtung in Leipzig. Sie fand am 16. Juni 1854 auf den Gerberwiesen statt. Diese lagen hinter dem Gerbertor an den Gleisen der Magdeburger Eisenbahn und der Berliner Straße, „welche damals außer der Scharfrichterei und einem kleinen Häuschen der Damenbadeanstalten im Gerbergraben kein einziges Wohnhaus aufzeigte". Enthauptet wurde der Brandstifter und dreifache Mörder Carl August Ebert durch die Guillotine.

„Sie spüren nicht den leisesten Schmerz, höchstens einen ganz kurzen Hauch über dem Nacken", hatte Dr. Joseph Ignace Guillotin die von ihm erdachte Weiterentwicklung des Fallbeils der französischen Nationalversammlung vorgestellt. Paradoxerweise war der Namensgeber „an der eigentlichen Konstruktion gar nicht beteiligt. Es stellte sich nämlich heraus, daß er ein reiner Theoretiker war und nicht imstande, die von ihm so eifrig vorgeschlagene Köpfmaschine technisch exakt zu entwerfen. Der französische Generalprokurator Roederer mußte daher im Februar 1792 einen Kollegen Dr. Guillotins, den Chrirurgen Dr. Louis, mit der Konstruktion beauftragen. Die technisch-handwerkliche Ausführung besorgte schließlich der deutsche Klavierbauer Tobias Schmidt, der mit 960 Livre das günstigste Angebot gemacht hatte. Am 25. Mai 1792 wurde die Guillotine zum ersten Mal in Gebrauch genommen: Der Raubmörder Nicolas-Jacques Pelletier wurde in Paris auf dem Grève-Platz geführt, wo ihm gemäß den Bestimmungen des Strafgesetzbuches mit dem Fallbeil der Kopf abgeschlagen wurde." Die aus humanitären Gründen neu erfundene Köpfmaschine war ein Instrument, „das im wesentlichen aus zwei Teilen bestand: einem Kippbrett, auf dem der Verurteile festgeschnallt wurde, und einem etwa fünf Meter hohen Gerüst, von dem das scharf geschliffene Fallbeil, von zwei seitlichen Schienen geführt, herabfiel und den Nacken des Verurteilten mit absoluter Genauigkeit traf. Das Kippbrett war beweglich. Der Delinquent wurde in der Regel aufrecht stehend daran festgegurtet und anschließend in waagerechte Position genau unter das Fallbeil geschwenkt. Der Kopf wurde dann noch mit einer Art Halsgeige festgehalten. Die Hinrichtung mit dem Fallbeil dauerte meist nur ein paar Minuten. Die Verurteilten hatten keine langen Todesqualen mehr zu erleiden, denn die Maschine funktionierte im wahrsten Sinne des Wortes mit tödlicher Sicherheit."

Drei Morde, Brandstiftung und unzählige Diebstähle waren Carl August Ebert nachgewiesen, er hatte alles eingestanden. Jetzt erlitt er die dafür verhängte Strafe. Schon einmal war der Verbrecher „zum Tode durchs Rad von unten herauf" verurteilt worden. Nur war es „Eberten am 28. August 1848 gelungen, aus dem Gefängnisse zu entweichen".

Zwei Wochen später stand August Ebert in Leipzig vorm Halleschen Thor, „barfuß und ein paar Schuhe in ein Tuch gewickelt, das er unter dem Arme trug. Er war schlecht gekleidet, hatte jedoch das Haar nach der Mode gekämmt und pomadisiert." Auf Fragen zur Person gab er verdächtige und widersprechende Antworten. Und da er „keine Legitimationspapiere bei sich hatte und sich einigen Anschein von Blödsinn zu geben suchte, so wurde er in polizeilichen Gewahrsam genommen. Es lag die Vermuthung nahe, daß er ein entsprungener Verbrecher sei; denn seine Angaben trugen das Gepräge der Erdichtung. Er nannte sich Friedrich Müller, wollte aus Frankfurt a. O. gebürtig sein und aus Amerika kommen. Er sagte, seine Eltern seien gestorben, den Vater habe er nicht gekannt, seit der frühesten Jugend habe er sich auf einem Segelschiffe befunden, welches zwischen Hamburg und Amerika hin- und hergefahren, und auf welchem seine Mutter Köchin, er selbst Schiffsjunge gewesen sei. Die Polizeibehörde zu Leipzig stellte umfassende Nachforschungen an, um die wahre Persönlichkeit dieses Menschen zu ermitteln. Jedoch ohne allen Erfolg." Man wies ihn in die Versorgungsanstalt zu Colditz ein, musste ihn alsbald daraus entlassen, denn seinen Erzählungen konnte niemand die Unwahrheit nachweisen. Friedrich Müller fiel der Stadt Leipzig als Heimatloser zu. „In ehrlicher Weise sein Fortkommen zu suchen, lag gar nicht in Müllers Willen, die äußere Freiheit ließ ihn wieder dem thierischen Triebe nach Raub nachhängen: er stieg ein und stahl", wurde mit Gefängnis belegt, „und nach Verbüßung dieser Strafe von der Leipziger Polizeibehörde zur Correction ins Georgenhaus eingesperrt."

Dann glaubten sich die Polizisten auf der Spur. Sie fanden, „daß in den Mittheilungen der Berliner Sicherheitspflege ein Steckbrief hinter einem Schneidergesellen Carl August Ebert aus Drossen noch unerledigt war". Dieser war wegen Raubmordes, Brandstiftung und mehrerer Diebstähle zur Fahndung ausgeschrieben. Friedrich Müller entsprach dem Signalement nicht nur äußerlich, er hinkte wie beschrieben. Nur hatte man jenen Ebert bereits in Frankfurt am Main verhaftet. Ein Irrtum, wie sich herausstellen sollte, doch teilte man diesen den Leipziger Ermittlern nicht mit, „so geschah es, daß dieser verschlossene Bösewicht am 16. November 1852 aus dem Georgenhause zu Leipzig wieder entlassen werden mußte und nur in polizeilicher Aufsicht behalten wurde, während er mit Handarbeiten Verdienst suchte und bald da, bald dort in der Stadt in Schlafstelle lag. Selbst aber in dieser äußeren Freiheit, wo sein Thun und Treiben von der Behörde überwacht war, vermochte er nicht den räuberischen Trieb zurückzuhalten, der aller Gefahren spottete und noch weniger auf den Richter achtete."

Die Georgenstraße befand sich im Bahnhofsviertel, Hahnekamm und Hans-Poeche-Straße verlaufen heute ähnlich. Damals war es eine „Sackgasse, welche auf die westliche Umfassungsmauer des Schützenhauses stößt; unterhalb dieses Stadtheils breitet sich nordwärts der Leipzig-Dresdener-Eisenbahnhof aus, so daß in geringer Entfernung sich täglich ein reges Leben entfaltet". In jener Straße wohnte Witwe Friese. Das nur an wenige Leute vermietete Haus stand einzeln am hinteren Rand der Sackgasse und bot nur äußerst geringen Verkehr mit der übrigen Stadt, zumal im Winter. Am 5. Januar hatte man Witwe Friese zum letzten Mal gesehen. Mehrmals klopfte der Vermieter an ihre Stubentüre, fand diese jedoch stets verschlossen. Er war nicht der Einzige, der vergebens auf Einlass hoffte, so setzte er die Polizeibehörde davon in Kenntnis.

„Als diese die Stube öffnen ließ, fand man die Friese entseelt darin. Sie lag, Kopf und Gesicht mit Blut bedeckt, völlig angekleidet, mit dem Rücken auf einem Stuhle; der Kopf hing herab, beide Hände berührten ausgestreckt den Boden, und die rechte hielt ein scharfes blutiges Messer. Quer über den Hals verließ eine lange, weitklaffende Schnittwunde und eine Lache dicken, geronnenen Blutes tränkte den Boden. Nach Aufrichtung des, mit einer schwarzen Mütze bedeckten Kopfes zeigte sich der Schädel an mehreren Stellen auf furchtbare Weise zerschmettert und allmählich entdeckte man 16 mehr oder weniger bis in das Gehirn dringende Wunden, die augenscheinlich von einem harten, stumpfen Instrumente bewirkt worden waren.

Die Friese war als eine wohlhabende Frau bekannt gewesen, man fand in ihrer Wohnung mehrere Gegenstände von Werth, namentlich auch Documente und Schuldverschreibungen; dagegen nur wenig baares Geld, mit einigen Zwanzigkreuzern in einer Plüschtasche verwahrt, ungeachtet die Friese erst ein oder zwei Tage vor ihrem Tode eine nicht unbeträchtliche Summe an Zinsen, in Cassenbillets und Zweithalerstücken, erhalten hatte. Ebenso fehlten Ringe und Busennadeln, in deren Besitz die Friese nach den Angaben verschiedener Personen gewesen war. Erstere hatte sie an einen Faden gereiht, gewöhnlich in ihrer Commode liegen gehabt. So war es denn klar, daß die Friese auf gewaltsame Weise ihren Tod gefunden, daß sie unter Mörderhand gefallen, eines Theils ihrer Habseligkeiten beraubt und daß von dem Mörder mit kaltblütiger Besonnenheit und raffinierter Bosheit das erschlagene Opfer in eine Lage und Stellung gebracht worden war, die den Glauben erwecken sollte, als habe die Friese mit eigener Hand ihrem Leben ein Ende gemacht …

Nachdem der Leichnam der Friese aus der Stube entfernt worden war, durchsuchte man dieselbe genauer, um Gegenstände aufzufinden, die möglicher Weise von Interesse für die Untersuchung sein konnten. Hierbei fand man in dem in der Stube stehenden Bette der Friese zwischen den Matratzen und dem Unterbette ein altes, unter den Armen blau abgefärbtes und in auffallender Weise schmutziges Mannshemde von grober Leinwand. Es fanden sich zwar nun noch andere Mannshemden vor, diese lagen aber zerstreut in der Stube herum, waren auch von sehr feiner weißer Leinwand, frisch gewaschen, sauber genäht und trugen vorn an der Brust auf einem in Herzform eingenähten Stück Leinwand als Zeichen die roth eingestickten Buchstaben A. F. mit einer Zahl darunter. Offenbar also waren dieß Hemden, die von dem den Namen Andreas geführt habenden, verstorbenen Ehemanne der Friese herrührten, wie sie denn auch nachmals von einer Person, die diese Hemden in den Händen gehabt, als Friesesche Hemden bezeichnet wurden. Unter diesen Umständen erschien der Fund jenes Hemdes im Bette der Friese von Wichtigkeit; trug solches auch keine Buchstaben als Zeichen an sich, so war doch anzunehmen, daß es nicht der Friese gehört, und der Gedanke mußte nahe liegen, daß möglicher Weise der Mörder sich jenes alten, schmutzigen Hemdes entledigt und dafür eins von den in der Stube liegenden, frischgewaschenen schönen Frieseschen Hemden angezogen und mitgenommen habe."

Die Hemden – eine erste Spur. Eine nächste ergibt sich, als zwei Nachbarinnen sich eines fremden Mannes entsinnen, „der in der letztern Zeit einige Male ins Haus gekommen und nach dem Logis der Friese hinaufgegangen war. Noch am letzten Tage, am 5. Januar wollten beide Zeuginnen diesen Mann im Hause gesehen haben ... Sie beschrieben jenen Fremden als einen kleinen untersetzten Mann mit einer kurzen grünen Jacke, dunklen Beinkleidern, dunkelfarbiger Mütze, mit plumpen Gesicht und einem etwas hinkenden Gang."

Zunächst ergeben die Nachforschungen nichts, bis man in Erfahrung bringt, „daß auf der Ulrichsgasse (Seeburgstraße) ein Mensch wohne, dessen Statur und Kleidung so ziemlich auf Jenen passe und der auch in der letzten Zeit in etwas auffälliger Weiser Geld ausgegeben habe. Am frühen Morgen des 14. Januar verfügte sich der mit dieser Ermittlung beauftragte Diener der Behörde in das Quartier des oben Bezeichneten und traf nun hier noch im Bette liegend jenen geheimnisvollen Unbekannten, den angeblichen Müller, den die Stadt Leipzig unter die Zahl ihrer Einwohner hatte aufnehmen müssen. Beim Eintritte des Beamten in die Kammer zog Müller sich das Deckbett über den Kopf weg, er wurde aufgefordert, sich zu erheben, und hierbei zeigte sich, daß er ein weißes Hemd von feiner Leinwand auf dem Leibe trug, das aber ebenfalls schon beschmutzt war. Auch noch ein zweites, diesem ganz gleiches Hemde fand sich im Besitze Müllers vor. Beide Hemden glichen in Stoff, Größe, in der Art, wie sie genäht waren, sowie in ihrer sonstigen Beschaffenheit genau denjenigen, welche in der Stube der Friese mit dem Zeichen A. F. und einer Zahl darunter vorhanden gewesen waren. Nur war an dem einen das Zeichen herausgetrennt, während bei dem andern an der correspondierenden Stelle ein Stück Leinwand weggerissen war. Nichtsdestoweniger erkannte man aber an den vorhandenen Spuren noch ziemlich deutlich die Formen der ausgetrennten Buchstaben und namentlich war es gerade der Buchstabe F. dessen Form am deutlichsten hervortrat.

Nicht minder zeigte sich noch ziemlich deutlich die Spur eines in Herzform darauf genäht gewesenen Stückes Leinewand. Müller war durchaus nicht im Stande, einen Nachweis darüber zu geben, wie er in den Besitz dieser beiden Hemden gekommen sei; die Angabe, die er darüber machte, trug das offenbare Gepräge der Lüge und Erfindung."

Friedrich Müller wird in Haft genommen, die Beweise seiner Schuld sind erdrückend. Mehr als 20 Taler hatte er ausgegeben „theils in Cassenbillets, theils in Zweithalerstücken, theilweise aber auch in Zwanzigkreuzern", genau wie sie der Witwe Friese ausgezahlt worden waren. Nach der Tat, „in den Nachmittagsstunden des 5. Januar war er zu einem seiner Bekannten gekommen und hatte zu demselben goldene Ringe, an einen Faden gereiht, sowie Busennadeln gebracht, vorgebend, er habe diese Dinge gefunden". Und er hatte sich mit jenem Bekannten dahingehend verabredet, „daß dieser für den Fall etwaiger Nachforschungen von Seiten der Behörde nur sagen solle, er, Müller, habe das Geld von ihm bekommen, da er es ihm schuldig gewesen sei". Die Zeuginnen erkennen in Friedrich Müller jenen Mann, den sie am Tattag beobachtet hatten. „Nicht genug, es wurde auch durch die umfassendsten und genauesten Erörterungen zu fast unumstößlicher Gewißheit erhoben, daß das im Bette der Friese aufgefundene Hemde ihm gehöre, ja daß er es noch am 5. Januar auf dem Leibe getragen habe." Es war in der Besorgungsanstalt zu Colditz gefertigt worden.

Und die Ermittler haben Zweifel, dass Friedrich Müller tatsächlich Friedrich Müller heißt. Sie senden an die betreffende Königlich Preußische Behörde die nötige Mitteilung und fügen dieser ein lithografiertes Bild des Täters bei. Zwei Beamte nehmen Müller vor Ort in Augenschein und „erkannten auf das Bestimmteste" in ihm den Mörder

August Ebert. Am 26. April 1853 gesteht Friedrich Müller seine falsche Identität und den Mord an Witwe Friese und nicht nur das.

Carl August Ebert wurde am 12. Juni 1822 zu Drossen (Ośno Lubuskie) geboren. Der Sohn eines Tagelöhners hat seinen Vater nie gekannt, die Mutter früh verloren. Ein kurzer Schulbesuch lehrte ihn notdürftig Lesen und Schreiben. Bereits als zehnjähriger Knabe begann er zu stehlen. Ebert arbeitete als Ochsenjunge, später erlernte er das Handwerk eines Schneiders. 1844 begab er sich auf Wanderschaft. „Im März desselben Jahres kam er in das Dorf Tschiefer (Przyborów) bei Neusalz (Nowa Sól) an der Oder, und hier blieb er in Arbeit bis zum 7. Juni 1846. Er hatte hier ein vertrautes Verhältniß mit der Tochter eines Einliegers angeknüpft und mit ihr ein Kind erzeugt und gab vor, daß er sie heirathen wolle. Er war der Volljährigkeit nahe und hatte sich für vermögend ausgegeben." Er wollte vor Ort nicht länger bleiben. Mit dem gleichgesinnten Schiffsknecht Gutsche beschloß er, den alten Ausgedinger Schulze „zu berauben und nöthingenfalls auch zu ermorden. Es war nicht unbekannt, daß der alte Mann im Besitze eines Vermögens von etwa 3 000 Thalern war, und nachdem einige Zeit vorher die beiden Bösewichte schon einen vergeblichen Versuch gemacht hatten, stiegen sie in der Nacht vom 6. zum 7. Juni 1846 durch das Strohdach in die Wohnung des Greises ein. Als dieser, vom Geräusch erwacht, in den Hof ging, erschlugen sie ihn mit einem mitgebrachten Beile, schleppten ihn in die Wohnung zurück und steckten das Haus in Brand, nachdem sie des Erschlagenen Vermögen vergebens gesucht und nichts weiter als 16 Pfennige gefunden hatten, welche sie nebst einigen Stücken Fleisch als die ganze Beute mitnahmen." Beim Löschen des Feuers stand Ebert in erster

Reihe und half löschen. Unter den Trümmern fanden sich die 3 000 Taler, das Opfer hatte sie eingemauert.

August Ebert kehrt in seinen Heimatort zurück. Noch keine zwei Wochen daheim, beschließt er einen weiteren Mord. „In Drossen wohnte die Witwe des Braueigen Rantikow allein im Erdgeschoß ihres Hauses; sie war hoch in den Jahren und als bemittelt bekannt. Mit einer Frechheit, die ihres Gleichen sucht, ging Ebert zu ihr, sie ihrer Habe zu berauben; das erste Mal traf er sie nicht zu Hause an; sie war in der Kirche. Am 23. Juni 1846 wiederholte er seinen gräßlichen Besuch bald nach Mittag. Er drang in die Wohnung der 74jährigen Witwe ein und suchte nach dem Geld. Die hinzukommende Eigenthümerin schlug er nieder, so daß Stirn, Schläfe und Scheitelbein von acht Wunden zerschmettert waren; außerdem durchschnitt er dem Opfer den Hals. An Geld nahm er circa 90 Thaler an sich und so verließ er das Haus nach kurzem Aufenthalte auch die Stadt."

Der Mord an der Witwe Rantikow wird schnell entdeckt, der Mörder zur Fahndung ausgeschrieben. Der Reisende macht sich verdächtig, schon am nächsten Tage wird August Ebert im nahen Reppen (Rzepin) verhaftet. „Die gegen ihn eingeleitete Untersuchung war zugleich auf eine große Zahl anderer Verbrechen gegen das Eigenthum und über mehr als 30 Mitschuldige zu erstrecken. Erst nach längerer Kerkerhaft gestand Ebert den an der Rantikow verübten Raubmord, dann auch die Ermordung des Auszüglers Schulze zu Tschiefer. Der Theilnehmer am letzteren Verbrechen, Gutsche, wurde ebenfalls erlangt und er, wie Ebert, sind durch zwei gleichlautende Urtheile zum Tode durchs Tode vom Rad von unten auf verurtheilt worden; an Gutschen ist die, im Gnadenwege in Enthauptung verwandelte, Todesstrafe im Oktober 1851 zu Drossen auch vollzogen worden; dagegen war es Eberten am 28. August 1848 gelungen, aus dem Gefängnisse zu entweichen."

In Leipzig ist Carl August Ebert zum Tode durch das Fallschwert verurteilt worden. Der Mörder zitterte, als man ihn davon in Kenntnis setzte. Das für ihn eingereichte Gesuch um eine Milderung der Strafe ist abgeschlagen worden, die Hinrichtung wurde von Seiner Königlichen Majestät bestätigt.

„Um 5 Uhr am Morgen des 16. Juni 1854 setzte sich der Zug zum schon erwähnten Richtplatze auf den Gerberwiesen vom Gerichtshause aus in Bewegung. Eine Compagnie Communalgarde eröffnete denselben; dann folgten zwei Wagen mit dem Gericht und dem Geistlichen, dann der dritte, ein offener nur oben flach bedeckter Stuhlwagen, mit dem Verbrecher, und den Schluß bildete wieder eine Compagnie Communalgarde. Die letztere hielt auch draußen die Straße und den Eisenbahndamm besetzt und bildete das nothwendige Spalier, während um das Schafott mit dem Fallschwerte das Viereck des Königlichen Militärs formiert war …"

OPERATIONEN AM OFFENEN BUCH

Wilhelm Bruno Lindner war ein Menschenfreund. Er half den Obdachlosen, unterstützte Arme. Vier Kinder zählte seine Familie. Sein Ruf war untadelig. Er gehörte zu Leipzigs Oberschicht. Wilhelm Bruno Lindner war Professor für Theologie an der Universität zu Leipzig. Er forschte zur Urgeschichte des Christentums. Die Bibliotheken gewährten dem Professor Einblick in ihre Schätze. In den Magazinen las er früheste Handschriften und erste Bücherdrucke. Wilhelm Bruno Lindner war begeistert und noch mehr. Er musste die alten Werke selbst besitzen. Ein Fall von Büchersucht in der deutschen Bücherstadt. Mit Skalpell und Faden ging Wilhelm Bruno Lindner vorsichtig zu Werke …

■ „Alles war ruhig im Hause; aus der Nebenkammer ließen sich die regelmäßigen Athmenzüge von Schlummernden hören, als in dem Zimmer, in welchem wir die Familie gefunden, plötzlich der Ueberhang, welcher das Sopha bedeckte, sich zu bewegen anfing. Scheu und ohne Geräusch kroch kurz darauf eine männliche Gestalt unter demselben hervor. Nachdem er sich sorgfältig versichert, daß alles geheuer sei, auch in die Schlafkammer geblickt, aber ohne irgendeine Feindseligkeit zu unternehmen, trat der Mann sinnend an den Tisch. Ein großes scharfes Küchenmesser, mit dem er bewaffnet war, legte er von sich, dagegen ergriff er die Bibel, aus welcher die Hausfrau vorgelesen hatte, und betrachtete sie mit einer Art staunender Bewunderung. Lange stand er so, als ob er im Kampfe mit sich selbst begriffen wäre, indem seine Blicke zuweilen wild aufleuchteten und seine Hand krampfhaft nach dem Messer griff. Es war ein unheimlicher Augenblick, allein der bessere Geist errang den Sieg; er legte das Messer aufs Neue von sich, und ging nach dem Fenster, das er ohne Geräusch mit großer Gewandtheit öffnete; auch den Laden stieß er auf, ohne daß einer der Schlafenden das Geringste davon merkte. Dann aber ergriff er plötzlich die Bibel, schwang sich behutsam über das Fenstergesims, und war im nächsten Augenblicke leise an einem Stricke, den er festgebunden, auf den Platz vor der Wohnung hinabgeglitten."

Die Geschichte geht zu Herzen. Die Untat wird nicht ausgeführt. „Die rettende Bibel", das Gute siegt. Selbst das gestohlene Buch gibt der Held mit Reue der Familie zurück. Mitte des 19. Jahrhunderts war dieser Sentimentalismus literarisch Mode und Ausdruck der Zeit. Der Autor der Erzählung war in Leipzig ein angesehener Mann. Das fotografische Porträt zeigt einen würdigen Herrn mit Kneifer und Schnauz, hoher Stirn, Fliege, Jackett. Seines Zeichens war der Mann außerordentlicher Professor für Theologie und Vater vierer Kinder, wohnte Lindenstraße (An der Verfassungslinde) No. 8. Wilhelm Bruno Lindner war dem „Reiche des Forschens und des Wissens zugewendet. Er wurde Lehrer an hiesiger Universität, gewann den Doctorgrad und hatte später das Glück, eine verehrungswürdige Gattin heimzuführen. Er widmete sich einem Leben nicht nur des Forschens und der Wissenschaft, sondern suchte sich weitere Verdienste zu erwerben durch Sorge für die Armen. Jedermann ist erinnerlich, daß Dr. Lindner an der Spitze der *Leipziger Armenfreunde* und als Vorsteher des *Vereins für brotlose Arbeiter* sich bedeutende Verdienste erworben hat."

Die Industrialisierung schreitet voran. Die Gesellschaft ist im Umbruch, die sozialen Gegensätze werden größer. Professor Lindner bringt sich ein und sucht Antworten im Glauben. „Nun und nimmermehr läßt sich das Leben der Kirche nach äußeren Anstrengungen zur Rettung der bedrohten Menschheit messen; nun und nimmermehr ist die Geistesthat, durch welche sie Christi Worte zu ihrem innersten Lebenseigenthum in der Erkenntniß gemacht, geringer anzuschlagen, als die äußere Liebesthat, durch welche der Wille bezeugt, daß er der gewonnenen Erkenntniß gehorcht.“

Mindestens einmal in der Woche liest der Herr Professor in den Räumen der Universitätsbibliothek. „Laut Benutzerantrag sammelte er Material für ein archäologisches Werk, und wann immer er die Hüter der bibliophilen Schätze um Hilfe ersuchte, fand er Unterstützung. Berge mittelalterlicher Handschriften und Wiegendrucke wurden vor seinem Arbeitsplatz aufgetürmt, und äußerte er den Wunsch, sich im Magazin umsehen zu dürfen, wurde ihm dies gewährt, obwohl es noch nie zu den Gepflogenheiten einer Bücherei zählte, Benutzern den Zugang zum Magazin zu gestatten.“ Oft sitzt der Wissenschaftler in Ruhe und allein am Tisch. Was niemand weiß, daß der Herr Professor, so sagt er später aus, „bei ihm wert erschienen Gegenständen schon beim Hingang auf die Bibliothek die Absicht der Aneignung gehabt habe; denn zu diesem Zwecke habe er stets ein Fläschchen mit Wasser nebst einem Pinsel von zu Hause mitgenommen und bei sich geführt, um die nötigen Auslösungen damit zu bewirken. Was hingegen die ersten Entwendungen, welche sich nur auf Miniaturen erstreckt hätten, anlange, so könne er sich nicht erinnern, daß er sie auf andere Weise als mit der bloßen Hand verübt hätte. Erst im weiteren Verlaufe, sei auch ein Messer, welches er nur behufs des Bleistiftspitzens bei sich getragen, bei sich darbietenden günstigen Gelegenheiten zum Aus- und Lostrennen von Blättern und ganzen Buchschalen in Anwendung gebracht worden. Wenn er auch noch Klebstoff (Gummi) bei sich geführt, so sei dies zu dem Zwecke geschehen, um etwaige Verletzungen durch Einschnitte, welche er behufs der Untersuchung des Innern der Buchschalen gemacht, wieder zu verkleben, falls diese Untersuchungen etwas Bemerkenswertes nicht ergeben hätten. Bezüglich seiner übrigen Machinationen läßt sich Dr. Lindner weiter aus, daß er solche zur Verhütung seiner Entdeckung vorgenommen habe; so sei von ihm an vielen Stellen der Bibliotheksstempel ausradirt, eine Stelle aber gleich ganz mit Tinte übergossen, und, um das Fehlen der betreffenden Werke weniger auffällig erscheinen zu lassen, hier und dort im alten Kataloge eine Rasur vorgenommen worden; auf gleiche Weise und zu gleichem Zwecke habe er, wenn von ihm ein oder mehrere Blätter herausgenommen, die Seitenzahlen geändert, um den Leser irre zu führen. Seien beim Ausschneiden oder Ausreißen Stellen im Texte beschädigt worden, so habe er sich bemüht, dieselben mit Tinte und Feder wieder zu ergänzen oder darauf bezügliche Bleistiftbemerkungen am Rande oder am Ende des Werkes gemacht. Oftmals habe er auch auf der Bibliothek Copien angefertigt und, wenn ihm das Original besser zugesagt oder er auf dessen Besitz einen großen Werth gelegt, die fraglichen Copien an die Stelle der entwendeten Originale gebracht; auch habe er bisweilen Blätter, welche er am Ende der Bücher ausgerissen, vorn eingeklebt, wenn er das Titelblatt sich angeeignet und auf solche Weise zuweilen den Anfang des Textes durch Verkleben vernichtet, so wie er denn auch zwei nicht aufeinander folgende Blätter, nachdem er das dazwischen gehörige entwendet, mehrmals zusammengeklebt habe. Insbesondere aber habe er es auf die Titelblätter abgesehen gehabt, welche er aus ganzen Sammelbänden von Monographien und Traktaten herausgeschnitten rsp. gerissen. Was die entwendeten Buchschalen anlange, so habe er dieselben bei mehreren Bänden in der Weise abgetrennt, daß er den Rücken unbeschädigt gelassen, die betreffenden Bücher aber sodann an ihren alten Orte wieder zurückgestellt, daß dieselben von außen unbeschädigt erschienen, und das Fehlen ihrer Deckel nur dann bemerkt werden konnte, wenn man sie aus den Regalen herausgezogen hätte …"

Bei Wilhelm Bruno Lindner rettete die Bibel nicht. Manisch Besessene, Bücher, Diebstahl, Messer, Mord – Bibliotheken und Verbrechen schließen einander nicht aus. Im Gegenteil: Das Thema füllt die Buchregale: Flaubert, Nodier, Umberto Eco. Agatha Christie ließ *Die Tote in der Bibliothek* finden. Gilbert Keith Chesterton schrieb vom *Fluch des Buches*. *Der Sammler* und *Der Club Dumas*. Wir lasen von den *Leidenschaften des Bibliothekars* und vom *Geheimnis des Buchhändlers*. Wilsberg ist Antiquar und Detektiv, Gervase Fen ein Literaturprofessor mit Hang zum Verbrechen. Es ermittelt gar *Der Bibliothekspolizist*. Leipzig ist Buchstadt. So kein Wunder, dass in ihr Magister Tinius aus bibliomanen Gründen mordete und vor Ort Professor Lindner nicht nur heilige Schriften schändete.

13. März 1859: Buchhändler T. Oswald Weigel sucht Wiegendrucke, die ein von ihm herausgegebenes historisches Werk illustrieren sollen. Aus diesem Grunde lädt er den Experten und Oberbibliothekar der Universität, Herrn Hofrath Dr. Ernst Gotthelf Gersdorf, zu sich, um dessen Urteil einzuholen. Gersdorf findet „unter den ihm vorgelegten Erzeugnissen der alten Kunst einige Miniaturen, von welchen eine ihm bei längerer Betrachtung aus dem Grunde

besonders merkwürdig erschien, als sie eine überaus sprechende Aehnlichkeit mit der bereits seit längerer Zeit von der Universitätsbibliothek vermißten hatte. Herr Weigel hatte beim Vorlegen dieser bemerkt, er habe sie vor einigeren Tagen bei Prof. Dr. Lindner jun. hier zu Gesicht bekommen und mit dessen Bewilligung geliehen erhalten.

Um sich über seine Vermuthung Gewißheit zu verschaffen, ersuchte der Herr Oberbibliothekar den Herrn Weigel, dieselben solange in seiner Verwahrung zu halten und nicht eher wieder an den Darleiher zurückzustellen, als er betreffenden Orts weitere Erörterungen angestellt und ihm von dem Erfolge derselben Nachricht gegeben haben würde. Die sofort unausgesetzt angestellten Nachforschungen auf der Bibliothek bestätigten den Verdacht einer Entwendung insoweit, als bei specieller Vergleichung der fraglichen Miniaturen mit den verletzten Stellen der betreffenden Werke aller Zweifel darüber, daß sie nur daraus entnommen sein könnten, gehoben schien. Nachdem nunmehr der damalige Ephorus der Universitätsbibliothek, Herr Prof. Dr. Hartenstein, von Seiten des Herrn Hofrath Dr. Gersdorf von dieser Entdeckung in Kenntniß gesetzt, auch gegen denselben die Vermuthung ausgesprochen worden war, daß Prof. Lindner jun. welcher zu den fraglichen Büchersälen einen freien und uneingeschränkten Zutritt gehabt, möglicherweise der Täter dieser Spolationen gewesen sei, beschloß man, ohne weiteres an Prof. Lindner sich zu wenden. Dieser stellte jedoch auf Vorhalt anfangs entschieden in Abrede, irgend welche Sachen von der Universitätsbibliothek sich angeeignet zu haben und nur erst als ihm die Miniaturen selbst vorgelegt wurden, gestand er nach längerem Hin- und Herreden soviel zu, sie von der oder durch einen (bereits verstorbenen) Unterbeamten der Bibliothek erhalten zu haben. Diese Auslassung des Prof. Lindner war geeignet, den bereits gegen ihn vorliegenden dringenden Verdacht zu vermehren. Man ersuchte deshalb den Prof. Lindner um die Erlaubniß, seine Privatsammlung einer näheren Einsicht unterwerfen zu können. Als dies nach längerem Zögern und verschiedenen Ausreden endlich gestattet worden war, fand man denn auch noch mehrere abgeschnittene Pergamentblätter, abgeschnittene Buchschalen u. dergl., welche zum großen Theile sofort als von der Bibliothek herrührend erkannt wurden, und legte sie zusammen unter Siegel. Bei den hierauf angestellten gerichtspolizeilichen Ermittlungen gestand Dr. Lindner das ihm Beigemessene in der Hauptsache zu.

Nachdem die königl. Staatsanwaltschaft die Einleitung der Voruntersuchung beantragt hatte und diesem Antrag von Seiten des kgl. Bezirksgericht auch stattgegeben worden war, wurde Dr. Lindner auf Handgelöbniß und unter Bestellung einer Caution von 5 000 Thalern entlassen."

Die Ermittlungen wurden eingestellt. Prof. Lindner hatte zugegeben, „daß er durch den Reiz des Augenblickes verführt in ungefähr 120 Fällen, auf welche sich die Zahl seiner Besuche etwa verlaufe, Miniaturen sich angeeignet habe; jedoch sei solches lediglich aus Kunstinteresse geschehen". Vielleicht rechnete Lindner mit einer Disziplinarstrafe und hoffte, damit hätte der Fall sein Bewenden. Doch der Senat der Universität traf noch im gleichen Monat eine seltene Entscheidung: Er erkannte Wilhelm Bruno Lindner seine Professorenwürde ab. Der Ruf des Familienvaters, Wissenschaftlers und Schriftstellers war ruiniert. Dr. Lindner wird vielleicht Trost in seinem Glauben gesucht haben. So hatte er geschrieben: Die Kirche soll in den Heiligthümern des Staats, der Familie, der Gemeinde „die Quellen der Wahrheit und des Heils öffnen, Christenthum unter den Massen des von ihm entfremdeten Volkes wieder als den gemeinsamen Herrn und Grund, als das gemeinsame Band und Centrum dieser gemeinsamen Ordnung in ihrer Art zur Anerkennung bringen – die Bürger des Staates zu derjenigen sittlichen Reinheit läutern helfen, ohne die keine Staatsform eine Wahrheit wird – den Verbrechern durch ihren Dienst die Freiheit in Christo, den Trost der göttlichen Vergebung im Evangelio bringen und zur Umkehr und Wiedererlangung der Ehre und Gerechtigkeit vor Gott und Menschen verhelfen – die Wurzel der Verbrechen ausrotten durch die Art der christlichen Buße – den verurtheilten Verbrechern das Evangelium und in demselben kraft der Vergebung die Heilung von allen Sünden und damit den Frieden und die Wiedergeburt des Lebens bringen".

Befriedet ist der Fall des Wilhelm Bruno Lindner jedoch nicht. Im September 1859 stellte sich heraus, „daß unter den spoliirten Werken auch zwei beziehentlich von 500 und 200 Thalern Wert befanden". Unter anderem sei es noch weiter „mit einer alten Pergamenthandschrift aus der ersten Hälfte des 15ten Jahrhunderts, einen Gegenstand des canonischen Rechts behandelnd (*Johannis Andrae novellae in librum secundum decretalium*), gegangen, nachdem er zwei schön gemalte Miniaturen aus demselben sich angeeignet und seiner Sammlung einverleibt hätte. In dem Glauben, das (bis dahin unversehrte und vollständige) Werk werde noch mehr dergleichen Malereien enthalten, habe er es, nachdem er den Rücken losgelöst und die beiden Schalen abgetrennt, in einzelnen Stücken in seiner Manteltasche oder Brusttasche versteckt, in seine Wohnung geschafft, um dort ungestört seine Forschungen fortzustellen. Er habe sich aber getäuscht, und da der Codex nur die beiden gedachten Miniaturen enthalten, durch das Zertrennen aber sehr gelitten hatte, habe er ihn für werthlos gehalten, zumal er nachträglich erfahren, daß er bereits sechs Mal gedruckt worden sei; die einzelnen Pergamentblätter aber habe er bis auf Weniges theils zu Einbänden benutzt, theils pfundweise (4½ Pfund) an die auf der hiesigen Königsstraße befindliche Kunst- und Antiquitätenhandlung von Ziesche und Köder verkauft. Auf gleiche Weise habe er einmal 20 Stück sog. Doubletten, keineswegs aber in der Absicht der Erlangung eines Gewinns, in die *Drugulin'sche Auction* von Kunstgegenständen gegeben. Dafür zeuge der Umstand, daß er sie aus seiner sog. Schundmappe, deren jeder Sammler eine besäße, und in welche man alles werfe, was man für werthlos erachte, blos um sie los zu werden, genommen hätte; ebenso habe ihm das Pergament zur Last gelegen. Auch sei es vorgekommen, daß er öfter Beschreibungen, welche zur Erklärung von Titelworten, so wie vom Inhalt des ganzen Werkes gedient (Titelcopien) und theils an besondern Orten verwahrt, theils den betreffenden Sammlungen beigefügt gewesen, sich angeeignet und zum größten Theil aber vernichtet."

Die Schändungen und Buchdiebstähle scheinen Bibliothek und Ermittlern umfänglicher als von Wilhelm Bruno Lindner angegeben. Der Schaden ist ungleich höher als zunächst vermutet. Oberbibliothekar Dr. Gersdorf recherchiert. Er unterzieht die von Dr. Lindner besuchten Abteilungen einer Inventur. „Während dies anfangs zu der Hoffnung berechtigte, daß die Instruction des Prozesses in möglichst kurzer Zeit beendigt werden würde, wurde im Laufe der angestellten Erörterungen das Material ein so massenhaftes, daß diese Hoffnung bald in den Hintergrund treten mußte." Anfänglich wurden Herrn Hofrath Dr. Gersdorf 298 Nummern zur näheren Begutachtung unterbreitet, später stieg die Zahl auf 591. „Nun ist es zwar eine notorische Thatsache, daß diesem Gelehrten eine reiche und seltene Fülle von Literaturkenntnissen zu Gebote steht; allein es war so außerordentlich mühsam, alle die einzelnen Stellen aufzufinden, wo die einzelnen Spolationen begangen worden waren, und es war solches namentlich auch durch die eigenthümlichen Manipulationen des Angeklagten so ungemein erschwert, daß das Revisionsgeschäft doch erst im Laufe eines halben Jahres beendigt werden konnte, ungeachtet Herr Hofrath Gersdorf die größten Anstrengungen machte, selbst an Sonn- und Feiertagen seine Stunden dem schwierigen Werke opferte und gewöhnlich über die Arbeitszeit hinaus in den Sälen der Bibliothek verweilte." Und nicht nur die Universitätsbibliothek hat unter Dr. Lindners Tätigkeit gelitten. Auch Dr. Ernst Wilhelm Robert Naumann, der ehrenamtliche Direktor der Leipziger Stadtbibliothek, stellt Leerstellen in seinen Regalen fest: Eingriffe 28 Büchern und Handschriften lagen vor. „Offensichtlich hatte es Lindner beim Umgang mit Messer und Leim schon zu gewissen Fertigkeiten gebracht, denn er war nur viermal in der Stadtbibliothek erschienen."

Die gerichtliche Verwahrung des Dr. Wilhelm Bruno Lindner wird von der Staatsanwaltschaft angeordnet. Die neuen Beweise erlauben nicht länger die Haftverschonung auf Kaution.

Am 27. Februar 1860, kurz nach neun Uhr vormittags beginnt der Prozess gegen Dr. Wilhelm Bruno Lindner, den vormaligen außerordentlichen Professor der Theologie an der Universität Leipzig wegen Diebstahls vor dem königlichen Bezirksgericht. Zunächst seine Angaben zur Person. „Er sei am 20. März 1814 hier in Leipzig geboren und Sohn des Professor Friedrich Wilhelm Lindner … Hier erzogen, habe er die Nikolaischule und später die Universität besucht, sei daraufhin als Lehrer an einem Erziehungsinstitute zu Bönnigheim in Württemberg beschäftigt gewesen und habe sich im Jahre 1839 an hiesiger Hochschule als Docent habilitirt; 1846 sei er zum außerordentlichen Professor der Theologie ernannt, jedoch dieser Professur Mitte März vorigen Jahres wieder enthoben worden. Er sei verheirathet und Vater von vier noch lebenden Kindern, außerdem seien ihm bereits zwei verstorben. Er befinde sich im Besitze eines Theils eines hier auf der Bosestraße belegenen Grundstückes und habe noch zwei Geschwister."

Im Lebenslauf erkennt die Verteidigung mildernde Umstände. „Die Geburt des Dr. Lindner erfolgte, wie wir gehört haben, am 20. März 1814. Es war dies eine Zeit, zu welcher auf unserer Vaterstadt noch die Folgen eines furchtbaren Krieges lasteten. Rechnet man von da zurück, so ergiebt sich, daß seine Mutter ihn unter dem Herzen trug während der Drangsale der Leipziger Völkerschlacht, zu einer Zeit also, die gewiß nicht geeignet schien, dem werdenden Weltbürger ein günstiges Prognostikon zu stellen. Das Kind kam schwächlich auf die Welt und war 7 Jahre lang die größte Sorge seiner Aeltern. Da begegnete dem Knaben, daß er durch einen Sturz sich das rechte Knie verletzte und von diesem Augenblicke an war es entschieden, daß er seine Jugend in Gebrechlichkeit und Siechthum hinbringen mußte. Er hat während dieser Zeit sehr viele Stunden und Tage, ja Monate lang liegend zubringen müssen, und es ergab sich für ihn daraus eine doppelte Folge. Einestheils war es natürlich, daß dem Kinde von Seiten seiner Aeltern eine größere Nachsicht zu Theil wurde, als ihm sonst geworden wäre. Anderntheils aber konnte sich das Kind nicht bewegen im freien Lichte des Lebens, um in ihm, gleich anderen Kindern, fröhlich emporzuwachsen. Blieb es doch festgeheftet an den Boden, und wie hätte es da körperlich und geistig in natürlicher Entwicklung gedeihen sollen?" Und aus diesen Gründen, argumentiert der Verteidiger, lernte Bruno Lindner „die Sorge, die sonst den Menschen für das Leben erzieht, nicht kennen, und so kam er niemals mit der Außenwelt in Zusammenstoß, an dem er hätte seine Willenskraft hätte stählen können; er blieb weich und willensunkräftig, blos dem Reiche des Wissens und Forschens zugewendet ... Allein während diese Thätigkeit nicht geeignet war, ihn in wesentliche, den Charakter stählende Conflikte mit der Außenwelt zu bringen und ihn namentlich über die Stützen und äußeren Formen zu belehren, auf denen das bürgerliche Leben beruht, wandte sich während dieser Zeit seine innerste Neigung nach einer ganz anderen Seite hin. Er, der bereits von Jugend auf für Kunst und Poesie die größte Vorliebe hegte, erkor nun die Kunst und das Alterthum zu seinem Lieblingsstudium. Nach dieser Seite zogen ihn seine lebhaftesten und inneren Strömungen und seine Verhältnisse sollten ihn auch in den Stand setzen, diesen Lieblingsneigungen zu folgen. Bald fing er selbst an, Kunstsachen zu sammeln, allein er bezweckte nicht blos solche Gegenstände zu erwerben, sondern er wollte auch an denselben sich als Forscher üben; interessierte es ihn doch vor allen Dingen, die Farbengebung der alten Coloristen, die Art der Einbände und des Papiers, dessen sich die Alten bedient hatten, kurz alles, was auf alte Kunst Bezug hatte, auf das Genaueste zu untersuchen. So kam es denn, daß die Beschäftigung mit den Gegenständen selbst, ihre Zerstörung und Wiederherstellung, die Restauration von Gemälden, das Aufkleben und Entfernen von Theilen seiner Besitzthümer für ihn ein besonderer Gegenstand der Leidenschaft war ... Der Angeschuldigte hat versichert, daß diese Leidenschaft schließlich so hoch gestiegen sei, daß er oft ganze Nächte schlaflos zugebracht habe, wenn er gewußt, daß in irgendeiner Auction oder bei irgend einer anderen Gelegenheit ein Gegenstand zu kaufen sei, der ihn ganz besonders interessirte. Er versichert ferner daß diese Neigung, dieses stete Streben, Suchen und Forschen ihn so befangen habe, daß er selbst für seinen eigenen Geist besorgt geworden sei und eine Seelenstörung davon ernstlich befürchtet. So war denn die Mine in ihm bereits bis zum Rande gefüllt, als er zur Universitätsbibliothek jenen freien Zutritt erhielt, um seinen Forschungen in derselben ungestört nachgehen zu können. Er hat, wie er versicherte, die Forschungen wohl ¼–½ Jahr ruhig fortgesetzt ohne seiner Leidenschaft Raum zu geben; allein mit einem Male sollte in ihm der zündende Funke fallen: es geschah dies beim Anblick einer Miniatur in der 36zeiligen Bibel. Ganz umnachtet von seiner Leidenschaft legte er an diese die Hand an beging damit sein erstes Vergehen. Mit diesem Momente war sein Schicksal entschieden; denn von nun an fügte sich Tropfen auf Tropfen, und immer höher stieg der Bach seiner Verschuldung, bis dieser zuletzt anschwellen sollte zum reißenden Strome, um sein und der Seinigen Glück unwiderruflich zu vernichten!"

Als Theologe und Schriftsteller wusste er: „Die Gottlosen nehmen ein Ende mit Schrecken", und hat in dieser Erzählung den Albtraum beschrieben. „Das Brett, worauf er trat, gab nach, und er stürzte in die Grube hinab, wo etwa sechzig Leichen lagen. Da er weich fiel, so mochte er meinen, er sei in seinem Bette, und schlief bis an den anbrechenden Tag; die Morgenkälte weckte ihn, und er tastete zunächst um sich herum. Sein Gefühl überzeugte ihn, daß er nicht auf seinem Lager sei; er erhob sich schwerfällig in setzende Stellung, und riß die Augen weit auf. Es war die Morgendämmerung, und ihm gegenüber, etwas an die Erdwand lehnend, lag ein junges Weib, auf ihrem Schoße ein Kindlein haltend, und starrte mit der Blässe und Starrheit des Todes, mit den gebrochenen Augen und dem geöffneten Munde den erschrockenen Süner fürchterlich an. ‚Hu‘, wimmerte der Elende, ‚das ist des Schlächters Weib mit ihrem Kinde. Schau mich nicht so fürchterlich an, du Gespenst. Ja, ich habe dich ermordet, und dein Blut klebt an meiner Hand! Du bist gekommen, und willst mich in die Hölle holen. Hu! hu! dein Blick ist fürchterlich!‘ ... Er wurde eingesperrt, konnte aber das starre Todtenantlitz, das seine gebrochenen Augen auf ihn richtete, und das todte Kind nicht wieder aus seinem Gedächtniß bringen; immer noch hatte er es vor Augen; zuweilen schien es ihm, als nähere sich dasselbe und ihm das bleiche Kind hin. In solchen Augenblicken fiel er auf die Kniee und bat jämmerlich um Erbarmen.“

Gewissensqualen plagen den Vater und Dieb. „Insbesondere sei Solches geschehen, kurz nach dem gegen Ende des Jahres 1858 erfolgten Tode seiner beiden Kinder, als tiefe Reue über sein Gebahren über ihn gekommen.“ Er stellt gestohlene Kostbarkeiten wie den *Codex Johannis Andrae* in die Regale der Bibliothek zurück. Welche Gegenstände es aber insgesamt gewesen seien, „vermöge er jetzt nicht mehr mit Bestimmtheit anzugeben. Auch sei es wohl geschehen, daß er später bereits zurückgestellte Gegenstände, weil er sich von ihnen nicht habe trennen können, zum anderen Male sich angeeignet habe. Ueberhaupt sei in ihm Reue und Begierde des Sammelns in beständigem Kampfe gewesen. Schon damals habe er sich bereits mit dem Gedanken getragen, der Bibliothek durch ein Vermächtniß den Schaden reichlich zu ersetzen."

Die Anklage lautet: Diebstahl sowie Diebstahl unter erschwerenden Umständen. Der Angeklagte gestand, dass er „durch den Reiz des Augenblicks verführt ... in einigen hundert Fällen ... Miniaturen und Holzschnitte" sich angeeignet habe. „Die entwendeten Gegenstände habe er dann zu Hause nach Schulen geordnet und seinen Sammlungen einverleibt ... Ueber seinen Gemüthszustand vor und nach den damaligen Vergehungen erklärte er sich dahin, daß er der Schwere seines Verbrechens sich nicht bewußt gewesen; er habe dunkel gefühlt, daß er ein Unrecht durch seine Handlungen begangen, jedoch sei er sich über dessen Tragweite und Folgen vollkommen unklar gewesen."

Die Verteidigung argumentiert spitzfindig: Dr. Lindner habe die Bücher selbst wenn nicht offiziell so doch entliehen „und ist damit deren Besitzer im rechtlichen Sinne des Wortes geworden, und wenn er sich vergriff, ‚so nahm er diesen Theil nicht aus fremder Inhabung, sondern mißbrauchte blos den ihm übertragenen Besitz, um davon einen nicht erlaubten Gebrauch zu machen. Dieses Vergehen charakterisirt sich ganz bestimmt nur als ein Unterschlag.' Verständlicherweise machte sich daraufhin bei den Zuhörern Unmut breit. Wäre das Gericht der Verteidigung gefolgt, hätte das zwangsläufig Konsequenzen für den gesamten Leihverkehr der Bibliotheken haben müssen, denn welche Bücherei würde dann noch Bücher ausleihen, wenn Eingriffe nicht als aus ‚fremder Inhabung' betrachtet würden. Das Gericht schloß sich jedoch der Anklagevertretung ohne Vorbehalt an."

Ebenfalls „heiß diskutiert wurde unter Hinzuziehung von zwei Sachverständigen vor allem die Frage, welchen

Wert die herausgerissenen Miniaturen und Bücher hatten. Dies war wiederum für den Straftatbestand des Diebstahls von Bedeutung, mussten die angeeigneten Sachen doch einen ‚Schätzungswert‘ haben. Nun divergierten aber nicht nur die Auktionspreise zwischen Nord- und Süddeutschland, von der Verteidigung wurde auch der Wert der herausgerissenen Miniaturen an sich bestritten. Die Sachverständigen maßen nun aber auch diesen herausgetrennten Kunstdrucken einen eigenständigen Wert zu, sehr hoch wurde dann der entwendete *Codex Johannis Andrae* eingeschätzt.

Erstaunlich ist, dass bei all den juristischen Spitzfindigkeiten, auf die Verteidigung und Staatsanwaltschaft im Verfahren verfielen, die Frage der Zurechnungsfähigkeit des Angeklagten keine Rolle spielte … (es) verwundert hier die Tatsache, dass die Verteidigung im Einverständnis mit dem Angeklagten auf die Verlesung des ärztlichen Gutachtens und die Stellungnahme des Gerichtsarztes hierzu verzichtet hat.“

Manische Züge hat das Verhalten der Dr. Bruno Lindner ohne Zweifel. „Bibliomanie heißt wörtlich übersetzt ‚Bücherwahn‘ und bezeichnet eine krankhaft überspitzte Bücherliebe. Wird das Sammeln von Büchern zu einer zwanghaften Leidenschaft bzw. zur Sucht, die alle anderen Lebensbereiche überdeckt, spricht man von Bibliomanie.“ Flaubert, noch keine 15 Jahre alt, schilderte die Symptome 1836: „Die fieberglühenden, verzehrenden Nächte verbrachte er inmitten seiner Bücher. Zwischen den Reihen und Stapeln lief er einher, erklomm die Galerien seiner Bibliothek in grenzenloser Verzückung; da hielt er still, sein Haar hing wirr, im starren Auge blinkte ein Licht; zitternde Hände betasteten das Holz am Regal; sie waren heiß und feucht. Er nahm ein Buch, blätterte, befühlte das Papier, prüfte die Vergoldung, den Einband, die Schriftzeichen, die Druckerschwärze, den Falz und die Anordnungen der Zeichnungen bei dem Worte ‚finis'. Dann wechselte er den Standort, reihte das Buch in ein höheres Fach und verharrte ganze Stunden in der Betrachtung von Titel und Format. Ging er zu seinen Handschriften, seinen erwählten Lieblingen, nahm er eine auf, die älteste, die unansehnlichste, die schmutzigste; verzückt und beglückt besah er das Pergament, spürte den Geruch des geweihten und ehrwürdigen Staubes; seine Nasenflügel blähten sich vor Freude und Stolz, ein Lächeln irrte über seine Lippen. Oh! Glücklich war er, dieser Mensch, glücklich in der Sphäre dieser Wissenschaften, deren sittliche Bedeutung und literarischen Wert er kaum begriff; verzaubert saß er im Reichtum all dieser Bücher, und sein Auge glitt über die schadhaften Seiten, über das fleckige Pergament; er liebte das Wissen, wie ein Blinder das Licht." Sie könnten auch die Gefühlslage des Professors Lindner beschreiben.

Am 29. Februar wurde „nach einer Berathung von ungefähr einer Stunde das Erkenntniß publicirt, nach welchem Dr. Wilhelm Bruno Lindner wegen Diebstahls zu einer Arbeitshausstrafe in der Dauer von sechs Jahren, sowie der Abstattung der Kosten verurtheilt wurde". Unter dem 11. Juni vermerkt das Eingangsbuch des Arbeitshauses Zwickau, Lindner sei zur Verbüßung seiner Strafe eingetroffen.

„So weit geht, lieber Leser, meine Geschichte; was daraus für dein Herz und dein Leben zu lernen ist, überlasse ich deinem Urtheile" (Wilhelm Bruno Lindner: *Die Babuschen*, 1852).

HERMES, FREUND UND KUPFERSTECHER

Er ist einer der wenigen Autoren sächsischer Lande, die sich zu Weltruhm schrieben. Doch Karl Mays literarische Karriere fußt auf Betrug und Gefängnisaufenthalt. Bereits als Lehramtsstudent wird er des Diebstahls überführt. Aus dem Job fliegt er aus gleichen Gründen. Jahrelang schlägt er sich als Hochstapler durchs Heimatland. Per Steckbrief wird nach ihm gefahndet. In der Messemetropole kann er endlich verhaftet werden. Arbeitshaus, vier Jahre und einen Monat, lautet das Urteil. Erst hinter Gittern findet Karl May zu seiner Berufung. Wenn er in Leipzig nicht gestohlen hätte, es gäbe nicht Winnetou, Old Shatterhand, und den Schatz im Silbersee.

■ Am 21. Dezember 1864 veröffentlichte das *Königlich Sächsische Gendarmerieblatt* im Auftrage der Chemnitzer Polizei die Beschreibung eines Unbekannten: „Alter: ca. 26 Jahre; Größe: 72"; Haare: blond; kurzer dünner Backenbart; hager, längliches Gesicht; Kleidung: dunkler kurzer Überzieher, seidne Mütze und türkisches Shawltuch. Derselbe, welcher eine Stahlbrille getragen hat, hat am 16. des Monats in einer hiesigen Pelzhandlung sich betrügerischer Weise Pelze und Pelzkragen (Werth über 100 Taler) erschwindelt ... Wir bemerken, daß sich der Schwindler mit dem um 3 Uhr nach Leipzig gehenden Eisenbahnzuge von hier entfernt hat und bitten um thunlichste Mitwirkung zur Entdeckung des Diebes und Wiedererlangung der Pelze." Die Polizei irrte, der Dieb wandte sich zunächst nach Dresden. Im Februar des folgenden Jahres nahm er dann Quartier bei einem Stahlstecher im Dorfe Gohlis nahe Leipzig, Möckernsche Straße 28 b. Hier plante der Pelzdieb seinen nächsten Coup und las im *Leipziger Tageblatt* die Annonce der Wirtin Johanne Rosine Henning, die „eine gut ausmeublirte Stube nebst einem Alkoven an einen anständigen Herrn sofort" vermieten wollte. Das Zimmer befand sich im Haus am Thomaskirchhof 12, drei Treppen. Der Herr, der sich bei Rosine Henning als Hermin vorstellte, wurde von ihr als Mieter akzeptiert.

Am 20. März 1864 erschien der adrette Herr Hermin in der Pelzhandlung des Johann Friedrich Gottlob Erler. Im Ladenlokal am Brühl 73 bestellte er bei dessen Frau einen Mantel und bat um Übersendung desselben in sein Zimmer bei Rosine Henning. Auf einem Zettel vermerkte er handschriftlich einen anderen Namen und Beruf. Nunmehr war er: Hermes, Kupferstecher. Bevor Herr Hermes/Hermin am Thomaskirchhof auf den Empfang der Pelze wartete, fand er im Meubleur Friedrich August Brock einen Hehler. „Ca. ¾ 5 Uhr sei der angebliche Herr Hermin wieder nach Hause gekommen", sagte der Sohn der Rosine Henning später aus, „und kurz darauf habe ein Kürschnerbursche einen Biberpelz gebracht, und der Kürschnerbursche sei mit in die von Hermin gemiethete Stube gegangen und habe nach ungefähr einer halben Stunde, als er in die Stube gekommen, ihn gefragt, wo der Käufer des Pelzes sich aufhielte, der ihn schon eine geraume Zeit habe warten lassen. Man habe nun den Hermin, der sich bei dem Verkäufer des Pelzes Hermes genannt habe, gesucht, denselben jedoch nicht gefunden. Augenscheinlich sei derselbe mit dem Pelze, den er seinen Wirthsleuten zu zeigen vorgegeben, fort und zur Treppe hinuntergelaufen, habe auch die Stube nur zu dem Zwecke gemiethet, um den Betrug mit den Pelzen ausführen zu können." Der Kürschnerbursche Otto, Sohn des Pelzhändlers Gottlob Erler, beschreibt den Täter aussehensgleich und fuhr fort: Der Herr Hermes „habe einen Biberpelz mit Biberfutter und desgleichen Aufschlag und schwarzen Tuchüberzug für 72 Taler gekauft und ihm den Auftrag gegeben, denselben in seine Wohnung bei Frau Henning zu tragen. Dies habe er auch gethan, habe den angeblichen Hermes angetroffen und denselben den Pelz übergeben und nun auf die Zahlung gewartet. Hermes sei damit zur Stube hinausgegangen, um den Pelz seinen Wirthsleuten zu zeigen, sei jedoch nicht wiedergekommen. Nach einer halben Stunde habe er mit Herrn Henning den angeblichen Hermes gesucht, derselbe sei jedoch aus den Henningschen Wohnung verschwunden gewesen."

Der auch mit dem Chemnitzer Pelzdiebstahl befasste Polizeikommissar Kneschke übermittelte noch am selbigen Tag dem Leipziger Leihhaus, allen Kürschnern, Trödlern und Pfandleihern der Stadt das Signalement des Diebes. Doch Herr Hermes wich den ergriffenen Fahndungsmaßnahmen aus. Allerdings verweigerte ihm Meubleur Friedrich August Brock nunmehr den Ankauf des Pelzes für 40 Taler. Hermes sprach bei der Gattin des Barbiergehilfen Wilhelm Bayer vor, denn diese hatte inseriert: „Pfänder versetzen, prolongieren und einlösen. Schnell und verschwiegen." Frau Bayer war eine „aus der Schar der freundlichen Leute, die anderen gegen Entgelt den peinlichen oder gefährlichen Gang ins Leihhaus abnahmen". Hermes' „Plan war, daß diese Frau, der er sich unter dem Namen Friedrich vorstellte, für ihn mit dem Pelz zum Pfandhaus gehen und den Umsatz bewerkstelligen sollte. Als sie ihm jedoch bedeutete, daß sie das Vorhaben erst am folgenden Tag ausführen könne, verlangte er, um wenigstens etwas Gewinn aus seinem Betrug zu ziehen, eine

Anzahlung von 10 Talern: ungewiß, ob er den Restbetrag je würde in Empfang nehmen können." Herr Friedrich empfahl sich. Frau Bayer begab sich am Morgen des 21. März ins Leihhaus.

Früh nach acht Uhr wurde „vom Leihhause gemeldet, daß ein Biberpelz von Frau Bayer, Hallesche Straße 5, zum Versatz gebracht und Letztere angehalten worden sei. Auf Vorlegen hat Herr Erler den Pelz als denjenigen anerkannt, den gestern seine Ehefrau an den beschriebenen jungen Mann verkauft habe. Der Pelz ist eingefordert worden. Frau Bayer hat, befragt, angegeben, daß gestern Nachmittag nach 5 Uhr ein junger Mann, einige zwanzig Jahr, schlank, ohne Bart, mit blassem Gesicht, bekleidet mit schwarzem Rock und schwarzseidener Mütze, der im Halstuch Stecknadeln getragen, zu ihr gekommen sei, ihr den fraglichen Pelz zum Versatz auf dem Leihhause überbracht, und da sie ihm gesagt, daß sie den Versatz erst am nächsten Tag vornehmen könne, vorläufige Zahlung von 10 Talern verlangt habe. Diese Summe habe sie dem Fremden nach Rücksprache mit ihrem Ehemann auch gegeben, worauf sich der angebliche Herr Friedrich entfernt und am folgenden Tage das übrige Geld Vormittags 9 Uhr abholen zu wollen erklärt habe." Fortan saßen zwei Polizeidiener in Frau Bayers Wohnung, doch ließ sich der Herr Friedrich nicht mehr blicken, statt dessen ein Packträger namens Carl Heinrich Müller, der unter Überreichung eines Zettels von Frau Bayer die „Zahlung desjenigen Betrages verlangt hat, welchen sie nach Gewährung der 10 Taler von dem beim Leihhaus verlangten Pfandschilling für den Pelz noch übrig habe … Die sofort abgegangenen (Polizei-)Diener Beutner und Wolf haben den Packträger in der Bayer'schen Wohnung nicht mehr angetroffen und von Frau Bayer erfahren, daß ihr Mann mit denselben in das Rosenthal gegangen sei, um denjenigen, der dem Packträger den Auftrag zur Abholung des Geldes gegeben habe und an gedachtem Platz auf Rückkunft seines Boten habe warten wollen, festzuhalten … Die Diener Beutner und Wolf haben sich nun eiligst in das Rosenthal begeben, sind dort kurz nach dem Packträger und Herrn Bayer angetroffen, und haben einen fremden jungen Mann, mit dem der Packträger, nachdem er von jenem zur Abgabe des Geldes in das Gebüsch gerufen worden ist, gerungen hat, ergriffen und nachher mittels eines Fiacers hierher transportirt. Bei dem Ringen mit dem Packträger, der anfänglich sich gestellt hat, als ob er das Geld bringe und so dem Fremden ganz nahe gekommen ist und ihn gepackt hat, ist dem Fremden ein Beil, welches derselbe bei sich geführt hat, unter dem Rocke vorgeglitten. Der Arretierte ist anfänglich ganz regungslos und anscheinend leblos gewesen und hat auch, nachdem der Polizeiarzt herzugerufen worden ist, nicht gesprochen und erst später angegeben, das er Karl Friedrich May heiße, in Ernstthal heimathberechtigt und Lehrer gewesen sei, und seit dem 28. Februar in Gohlis gewohnt habe." Der Verhaftete gesteht, gesteht den Pelzdiebstahl in Chemnitz, gesteht, dass er unter falschem Namen sich noch mehr geldwerte Vorteile erschwindelte. Karl May wird von den Zeugen Erler, Henning und Bayer als Täter erkannt. Der Fall liegt klar und May wird dem Bezirksgericht Leipzig überstellt. Am 8. Juni fand die Hauptverhandlung statt.

„Es hinterläßt erfahrungsgemäß stets einen betrüben- den Eindruck, wenn man Personen, bei denen man nach ihrer äußeren Stellung vorzugsweise Rechtskenntniß voraussetzen muß, oder solche, welche den Erwachsenen durch Lehre und That ein nachahmenswerthes Beispiel geben sollen, oder dazu berufen sind, den noch zarten Kinderherzen die ersten Grundbegriffe über das Mein und Dein einzuprägen, unter Nichtachtung der vom Staate behufs eines ordnungsmäßigen Lebens gezogenen Schranken straucheln und den Ort besteigen sieht, der in der Regel den Übergangspunct von der persönlichen Freiheit zur zeitweisen, gesetzlich als Strafe aufzufassenden Unfreiheit bildet. Ein Fall letzterer Art bildete den Gegenstand der heutigen öffentlichen Hauptverhandlung", schrieb das *Leipziger Tageblatt* anlässlich des Prozesses. Wegen mehrfachen Betrugs erkannte das Gericht auf vier Jahre und einen Monat Arbeitshaus. Karl May gab als Inhaftierter in Zwickau-Osterstein keinen Grund zur Strafverschärfung. Er arbeitete, wirkte in der Bläserkapelle mit und komponierte. Er nutzte und verwaltete die Gefangenenbibliothek. „Auch schriftstellerte ich fleißig. Ich schrieb Manuskripte, um gleich nach meiner Entlassung viel Stoff zur Verfügung zu haben." Die Zeit der Haft „hinterließ im Werke May deutliche Spuren. Auffallend oft geraten die Romanhelden in die Hände ihrer Gegner und werden daraus befreit. Die Häufigkeit dieses Motivs deutet auf ein Hafttrauma hin. Es dürfte kaum ein Zufall sein, dass gerade May Abenteuererzählungen verfasste, in denen vor allem die Ich-Figur mehrfach umfangreiche Weltreisen durch die Wüste bis zum Stillen Ozean unternimmt. Das wäre wohl nie entstanden, wenn ihr Verfasser nicht Jahre seiner Jugend im Kerker hätte verbringen müssen." Qua Diebstahl und Verhaftung schuf auch Leipzig die Voraussetzungen für den späteren Weltruhm des sächsischen Nationalautors. Der Tatort am Thomaskirchhof 12 ist heute Museum – für die Geschichte des Apothekenwesens.

DER ZEHNMINUTENRAUB

1911 wurde da Vincis Mona Lisa aus dem Louvre in Paris gestohlen. Ein Aufschrei ging um die Welt: Das Meisterwerk entwendet! Immer wieder hört man von spektakulärem Raub. Auch in Leipzigs Bildermuseum hängen Schätze: Caspar David Friedrich, Max Klinger, Neo Rauch. Auch in Leipzig wurden Bilder gestohlen. Dass das Bildnis Rembrandts eine Zeit lang nicht mehr an seinem Platze hing, weiß kaum ein Mensch. Es wurde 1908 gestohlen. Für zehn Minuten hatte es ein Banker aus Budapest entwendet, dann schlug ihm das Gewissen. Nur eine Akte erzählt davon. Zur Anklage ist es nie gekommen. Die Familie des Täters und ärztliche Gutachten haben das verhindert. Die gestellte Kaution verfiel der Staatskasse.

■ Sommer 1909. Eugen Schweiger arbeitet als Bankangestellter. Familientradition. Sein Vater, Advokat a.D., betreibt in Budapest ein eigenes Börseninstitut. Eugen Schweiger hat Urlaub und möchte das Leben zumindest in diesen Tagen genießen. Er erholt sich in Frankreich, Belgien, Niederlande. Er liegt am Strand. Er besucht Museen und Frauen. Fast sechs Wochen dauert seine Reise, die ihn in viele europäische Metropolen führt. Auf seiner Heimreise wird er deutsche Städte besuchen. Am Abend des 19. August erreicht er Leipzig.

„Leipzig ist die größte und vielleicht auch die älteste Stadt Sachsens, die jetzt zwar einen slawischen Namen trägt, sehr wahrscheinlich aber an der Stelle oder in der

Nähe eines Ortes liegt, den Ptolomaeus 150 Jahre n. Chr. als Lupfurdum, also Furt über die Luppe nennt, ist jedem Deutschen als Sitz des Reichsgerichtes, als Kampfstätte der Völkerschlacht, als berühmte Universität bekannt. Als Handels- und Musikstadt genießt es einen Weltruf: denn es ist die Metropole des Buchhandels, im Pelzhandel die erste Stadt des Kontinents, sein Konservatorium und seine Gewandhauskonzerte stehen auch jenseits des Ozeans in hohem Ansehen. Seine Industrie gewinnt immer mehr an Bedeutung, und eine Anzahl von Fabriken, die Kammgarne, buchgewerbliche und landwirtschaftliche Maschinen, Chemikalien und andere Waren liefern, sind Weltfirmen geworden. Bezüglich der Bildungsanstalten steht Leipzig hinter keiner Stadt zurück ... Nach der Volkzählung vom 1. Dezember 1905 lebten in Leipzig 503 637 Menschen in 18 125 Häusern. Das Stadtgebiet umfasst 57 qkm ... Die Entwicklung zur schönen, imposanten Großstadt zeigt sich nicht nur in seiner Ausdehnung, sondern auch in den Bauwerken und in einem großartigen Straßenbahnnetz. Viele schöne Gebäude sind entstanden, die nicht selten Architekten zu längerem Aufenthalt veranlassen. Eigenartig sind die großen, einen länglichen Hof umfassenden Gebäude der Altstadt, welche ihr Gesicht nach zwei Straßen wenden und einen Durchgang zwischen beiden freilassen. Schon Goethe fand, ‚dass sie großen Burgen ja Halbstädten nicht unähnlich seien‘,“ schreibt 1909 die Jubelschrift zum Uni-Jubiläum.

Leipzig boomt. Völkerschlachtdenkmal, Hauptbahnhof, die neuen Messepaläste entstehen. Gewandhaus, Altes und Neues Rathaus, *Coffe Baum* sind erbaut. Eugen Schweiger verbringt den Tag, um die Sehenswürdigkeiten zu beschauen. Drei Uhr nachmittags fühlt er sich informiert, der

Zug gen Dresden geht jedoch erst gegen sechs. Was tun in dieser Zeit in dieser fremden Stadt?

„Der Augustusplatz, einer schönsten und größten Plätze der Welt, ist der Mittelpunkt der durch die Vororte erweiterten Stadt, Kreuzungspunkt vieler Straßenbahnen … An der Südseite das Museum der Bildenden Künste, erbaut 1858, von Ludwig Lange aus München, umgebaut 1886 aus Mitteln der Grassi-Stiftung von Hugo Licht. Figuren auf der Attika: Griechenland, Deutschland, Rom, Italien, Spanien, Niederlande, Frankreich, England. In den Nischen: Statuen von Raphael, Michelangelo, Rubens, Rembrandt; in den Terrassenecken: Holbein, Dürer." Eugen Schweiger beschließt seinen Besuch im Museum für bildende Künste.

„Das Museum, gegründet 1837 vom Leipziger Kunstverein und besonders gefördert durch das reiche Vermächtnis des Kaufmanns Heinrich Schletter, enthält eine reiche Sammlung moderner Meister, daneben auch viele bedeutende Werke aus der altdeutschen und niederländischen Schule. Im Erdgeschoss befindet sich eine Sammlung von Originalskulpturen moderner Meister und von Gipsabgüssen nach klassischen Werken, im zweiten Stockwerk eine große Sammlung von Photographien und graphischen Werken zur Illustrierung der Geschichte der Malerei. Zu den Hauptwerken des Museums gehören an Skulpturen: Von der Hand Max Klingers die berühmte Beethoven-Statue, die beiden Hauptfiguren der Salome und Kassandra und die Statue der Badenden; von Adolph Hildebrand die Marmorstatue Adams; von Christian Rauch die weltbekannte Büste Wolfgang Goethes, außerdem Werke von Arthur Volkmann, Karl Seffner, Gasteiger, Trebst u. a. In der Kartonsammlung finden sich geschichtlich merkwürdige Entwürfe zu Wandbildern von Peter Cornelius, Schnorr von Carolsfeld, Zeichnungen von Schwind, Menzel, Aquarelle von Karl Werner, und vor allem eine Sammlung von Zeichnungen und Entwürfen von Bonaventura Genellis."

Eugen Schweiger wendet sich der Gemäldesammlung zu. In der Galerie hebt der Museumsführer hervor: „acht Bilder Franz von Lenbachs, zwei Hauptgemälde von Alfred Böcklin, ein Gemälde von Max Klinger, eins der bedeutendsten Bilder Fritz von Uhdes, hervorragende Werke von Schwind, Schleich, Wilhelm Schrader, Calame, Defregger, De la Roche, Segatini, Hubert Herkomer, Otto Greiner, Ludwig Richter, Joseph Anton Koch, Meunier u. a. Von den älteren Meistern nennen wir: Schongauer, van Eyck, eine größere Anzahl von Werken der beiden Cranachs und ihrer Schule, und eine kleine, aber auserlesene Sammlung von Niederländern des 17. Jahrhunderts, darunter zwei Originalwerke Rembrandts."

Das Porträt Rembrandts galt 1909 als Original. Heute scheint es nachgewiesen Rembrandt-Schule zu sein und wird dem Rembrandt-Schüler Carel Fabritius zugeschrieben. Eugen Schweiger hat das Bild beeindruckt. Die Psychologie spricht von „augenblicklich entflammter Leidenschaft". Es musste ihm gehören. Die „Einmaligkeit der Situation", sie kam hinzu. Aufsichtspersonal war nicht zu sehen. Eugen Schweiger nahm das an der Wand mittels einer Schraube befestigte „Selbstbildnis Rembrandts im Werte von etwa 30 000 M bewusst um es dem Eigentümer – der Stadt Leipzig – dauernd zu entziehen um selbst eigentümerisch darüber zu verfügen an sich. Zudem er es unter seinem Mantel verbarg, gelang es ihm das Museumsgebäude zu verlassen, ohne von einem der Aufseher angehalten zu werden. Er erreichte mit seiner Beute den Augustusplatz und ging auf ihm etwa 10 Minuten lang umher. Dann fasste

er den Entschluss, das Bild heimlich in das Museum zurück-
zuschaffen. Dabei wurde er jedoch gefasst.

Diesen Tatbestand gibt der Beschuldigte zu. Wenn er
geltend macht, er wisse nicht, wie es dazu gekommen die
Tat auszuführen, er müsse in einer Anwandlung von Unzu-
rechnungsfähigkeit gehandelt haben, so ist diesen Behaup-
tungen keinerlei Wert beizumessen. Der Umstand, dass er
zur Tat schritt, als der Aufseher den Saal, in dem das Bild
hing, für einen Augenblick verlassen hatte, in Verbindung
mit der weiteren Tatsache, dass er das Bild nicht einfach
von der Wand weggenommen, sondern um das tun zu können, erst mittels eines Werkzeugs – einer Nagelfeile – losge-
schraubt hat, beweist, dass er mit großer Überlegung und
Verschlagenheit zu Werke vorgegangen ist. Überdies hat er
eine klare Erinnerung an die Ausführung der Tat und hierdurch wird seinem Vorbringen, er habe in einem Zustand
augenblicklicher Störung der Geistestätigkeit gehandelt,
durch den seine freie Willensentscheidung ausgeschlossen
sei, der Boden entzogen."

„Der am 23. Oktober 1876 in Budapest geborene, un-
bestrafte Bankbeamte Eugen Schweiger, hier in Untersuchungshaft, ist dringend verdächtig" und geständig „im
hiesigen Museum am Freitag nachmittag ein kleines Gemälde, Rembrandt Selbstbildnis, weggenommen zu haben."
Er wird eine Woche nach dem Diebstahl angeklagt, „eine
fremde bewegliche Sache eines anderen in der Absicht, sich
diese rechtswidrig zuzueignen, weggenommen zu haben.
Vorgesehen nach § 242 StGB Beweismittel sind bei dem zu
erwartenden Geständnisse entbehrlich. Ich beantrage, gegen Schweiger das Hauptverfahren vor dem königlichen
Landgericht, Strafkammer C. zu eröffnen und zur Haftfort-
dauer zu verfügen."

Der Staatsanwalt ist sich eines schnellen Verfahrens gewiss. Doch wird einem Antrag von Schweigers Vater stattgegeben. Gegen eine Kaution von 30 000 Mark darf Sohn Eugen heim nach Ungarn reisen, um sich dort einer psychiatrischen Untersuchung zu unterziehen: „Die Anregung, dass der Angeklagte in einer geeigneten Anstalt beobachtet werden solle, ist bei der durch Gerichtsbeschluss angeordneten Untersuchung des Angeklagten durch den Herrn Gerichtsarzt gegeben worden. Die Beobachtung in der Anstalt ist, wie aus dem Gutachten hervorgeht, offenbar sehr eingehend gewesen und bei den amtlichen Funktionen der Unterzeichner des Gutachtens wird auch in der Zuverlässigkeit ihrer Ausführungen kein Zweifel gesetzt werden können. Um aber das Gutachten zum Prozessstoff zu machen, erscheint es notwendig und wird daher hiermit beantragt, durch Ersuchen des zuständigen Gerichts in Budapest die Herren Professor Dr. Karl Schaffer, Dr. Edmund von Németh und Hofrat Dr. Otto Schwartzer von Babarcz, deren Erscheinen in der Hauptverhandlung vor dem erkennenden Gerichte bei der großen Entfernung ihres Aufenthaltsortes beschert sein würde, als Zeugen und Sachverständige darüber zu vernehmen, dass sie den Angeklagten seit dem 5. Oktober 1909 in der Anstalt des Dr. Otto Schwartzer von Babarcz, wo der Angeklagte noch heute interniert ist, untersucht, und dabei die in dem Gutachten angeführten Beobachtungen gemacht haben und dass sie zu dem Ergebnisse gekommen sind und bei ihm stehen bleiben, dass der Angeklagte zur Zeit der Tat sich in einem Zustande krankhafter Störung seiner Geistestätigkeit befunden hat, durch den seine freie Willensbestimmung ausgeschlossen war." Die Ergebnisse widersprechen den in Leipzig vorgenommenen Beobachtungen.

Im ärztlich-sachverständigen Befund und Gutachten über den Geisteszustand des Eugen Schweiger heißt es: „Eugen Schweiger – dessen Identität wir auf Grund des Stammbuches der Schwartzerischen Geistes- und Nervenheilanstalt festgestellt haben – ist 33 Jahre alt, geboren in Budapest, ledig, Bankbeamter. Sein Großvater mütterlicherseits litt an einer schweren Nervenkrankheit, und wurde deswegen in eine Nervenheilanstalt neben Wien gebracht. Die Schwester seiner Mutter leidet an *hysteria gravis*, die andere Schwester ist ebenfalls nervös, ein Sohn der letzteren litt jahrelang an Neurasthenie. Die Mutter seines Vaters war taub. Seine Eltern sind am Leben. Seine Mutter ist von außerordentlich empfindlicher, nervöser, reizbarer Natur, und von sehr labiler Gemütsstimmung; sein Vater ist zu leidenschaftlichen Ausbrüchen geneigt. Unter seinen 4 Geschwistern sind 2 nervös.

Er selbst überstand zweimal die Masern. An *Epilepsi*, *Syphillis* litt er nie. Vor 9 Jahren hat ihn ein jüngerer Bruder aus Zufall mit dem Korbe eines Säbels so auf den Kopf geschlagen, dass er das Bewusstsein auf mehrere Minuten verlor; vor drei Jahren ist er während des Trabens vom Pferde gestürzt, bei welcher Gelegenheit er rücklings fiel und mit dem Kopfe zu einem Holzgeländer geschleudert wurde. Er verlor auch bei dieser Gelegenheit das Bewusstsein und lag zwei Tage lang krank im Bette. Er ist seit 8 Jahren nervös und, erregbar, das kleinste Geräusch kränkt ihn, und einzelne, die Zimmereinrichtung und Beleuchtung betreffende Vorkehrungen seines Vaters bringen ihn in solch einen Affekt, dass er schon das Elternhaus verlassen wollte.

Er wurde im Elternhaus erzogen, absolvierte 4 Elementar- und 4 Realklassen. Dann war er Hörer des dreijährigen Kurses der Handelsakademie und bestand das Abiturexamen. Anfangs lernte er gut, aber auf der Akademie ging ihm das Lernen schon schwerer. Im Jahre 1894 erhielt er eine Anstellung bei der ungarischen Escompte und Wechslerbank in Budapest als Praktikant und avancierte da stufenweise, bis er endlich Chef der Safe-Deposit-Abteilung wurde. Als Soldat diente er im elften Husaren-Regimente als Einjährig-Freiwilliger, bestand die Officiers-Prüfung, wurde, nach Ablauf des Freiwilligen-Jahres sofort zum Reserve-Lieutnant ernannt. Er genoss nur selten Spirituosen, denn seit seinen Kopfverletzungen ist er gegen Alkohol intolerant, er wurde schon nach Genuss von geringer Qualität (1 Glas Wein oder Bier) betäubt, benebelt, niedergeschlagen, und das Denken fiel ihm schwer. Bestraft war er nie. In den letzteren Jahren wurde er labiler Gemütsstimmung, manchmal zeigte sich bei ihm unmotivierte Depression, manchmal tanzte er wieder Cake-Walk und Cancan. In den letzten Jahren steigerte sich seine Nervosität in großem Maße; jedes missverstandene Wort oder Bewegung seiner Angehörigen löste bei ihm eine an Verzweiflung grenzende Verstimmung und unmotivierte rohe Ausbrüche aus …

Eugen Schweiger ist 165 cm. hoch, ein körperlich gut entwickelter und genährter Mann von braunem Haupthaare. Sein Schädel ist hydrocephalisch-rachitisch, nach rückwärts sich verbreitend; die Stirn sehr hoch, nach rückwärts fliehend, die Parietaltulbera stark prominent, das Occiput treppenförmig. Die Mitte des Schädeldaches ist für mäßigen Druck empfindlich. Augenäpfel hervorspringend, Augen neuropathisch, Sklera bläulich, Iris grünlich-grau, rechte Pupille oval, zeitweilig weiter als die linke. Beide Pupillen reagieren gut auf Licht und Accomodation. In der Zunge und in den Gesichtsmuskeln fibrilläre Zuckungen. Das Antlitz ist gegen den Schädel klein, schmal, die Nase verlängert. Zittern in den ausgestreckten Händen. Kniereflexe an beiden Seiten gesteigert. Vegetative Organe normal. In der Mitte der Wirbelsäule befindet sich ein handtellergroßer überempfindlicher Fleck. Beide Gesichtsfelder stark erweitert (Grenzen: von außen über 90°, von innen bei 70°). Retina und *nervus acusticus* zeigen Hyperäsie. Auf geringe Geräusche zuckt er zusammen und zittert am ganzen Körper. Er klagt oft über Taubsein einzelner Körperteile und über einseitigen Kopfschmerz, wobei sein Gesicht errötet oder erblasst. Die vasomotorische Reflexerregbarkeit ist eine gesteigerte. Mit geschlossenem Auge schwankt er nicht, aber seine Augenlider zittern. Seine Körperhaltung ist eine Gerade, sein Gang sicher. Er gibt viel auf sein Äußeres, wechselt oft seine Kleidung, putzt sich und verrät einen gigerlhaften Zug. Seine Gemütsstimmung ist sehr labil, gerät leicht in Ekstase. Er fasst die an ihn gerichteten Fragen gut auf und beantwortet dieselben bereitwillig nach seinem besten Können. Seine Alltagskenntnisse entsprechen seiner Schulung, auch sind seine ethischen Begriffe entwickelt. Ort und Zeit bezeichnet er gut. Obwohl er viel gereist ist, verrät er in der Beurteilung der Dinge eine gewisse Oberflächlichkeit, zum Zeichen dessen, dass er nicht im Stande ist, seine Kenntnisse und Erfahrungen gehörig zu verwerten. Seine Denkungsweise ist wenig discipliniert. Er richtet sich mehr nach Äußerlichkeiten, hat für den inneren Wert der Dinge geringen Sinn; daher erscheint sein allgemeines Wissen mosaikartig und oberflächlich. Er interessiert sich für wissenschaftliche und überhaupt für ernste Sachen nicht, interessiert sich zumeist für leichte Lektüre, kultiviert mit Vorliebe Tanz; war im Stande, in einem Winter an 60 bis 80 Bällen teilzunehmen. Er ist heterosexuell, aber nur perverse Betätigungen lösten bei ihm die Libido aus. Er erzählt, dass er im Sommer des laufenden Jahres wegen seiner Nervosität Sonnen- und Seebäder benützte. Er reiste am 16ten Juli von Budapest ab. Unterwegs verbrachte er in Wien und Salzburg je einen Tag, in München 5 Tage, in Zürich einen Tag, dann besichtigte er in 8 Tagen die Sehenswürdigkeiten von Paris, was sein auch sonst geschwächtes Nervenkostüm sehr erschöpfte. Dann ging er nach Ostende, wo er einer französischen Bekannten begegnete, mit welcher er durch 12–13 Tage, (solange er sich dort aufhielt) pro die auch dreimal in perverser Art (französische Methode, *cunninglingvere, irrumare*) schwelgte. Dies erschöpfte ihn so sehr, dass er – um dem Verhältnis ein Ende zu machen – nach Scheweningen eilte, von wo er nach 9–10tägigem Aufenthalte nach Hause reiste, um sein Amt wieder anzutreten. Er kam in Leipzig am 19ten August, nach 8 Uhr abends an und stieg im Hotel Kaiserhof ab. Er nahm ein Abendbrot in einem Restaurant, und da er sehr erschöpft war, legte er sich um 11 Uhr nieder, konnte aber wegen seiner großen Ermüdung nicht schlafen. Um 8 Uhr früh stand er auf, frühstückte im Hotel und besichtigte dann die Sehenswürdigkeiten der Stadt. Nachmittags um 2 aß er zu Mittag in einem Restaurant, wo er gegen seine Gewohnheit auch ein Krügel Bier trank. Nach dem Essen ging er in sein Hotel, ordnete sein Gepäck für die Abfahrt, und da der Zug, mit welchem er nach Dresden fahren wollte, erst um ¾ 5 Uhr abfuhr, wollte er seine Zwischenzeit von einer Stunde mit einem Spaziergange ausfüllen. Was nachher geschah, darüber hat er nur eine geringe Erinnerung. Bezüglich der tat gibt er unter Seufzer und Händeringen vor, dass er eigentlich nicht wisse, wie die Sache vor sich ging, aber man hat es ihm schon so oft erzählt, dass er auf diese Weise einige Kenntniss von der Sache habe. Er erzählt, dass er an einem

Feiertage nachmittags ½ 4 Uhr in die Bildergalerie ging, welche bis 4 Uhr geöffnet war. Er fühlte große Mattigkeit und Hitze, da er den Rock anhatte, weil er schon reisefertig auf den Spaziergange ging. Er kann nicht genau sagen, ob er bei den Bildern oder bei den Sculpturwerken war, er kann sich dunkel erinnern, dass er in einen Saal ging, welcher menschenleer war, und in welchem viele Bilder waren. ‚Ich weiß nicht wie und was ich tat‘ – sagte er seufzend. Er erinnert sich nur daran, dass ihn etwas antrieb, dass er das Bild herunternehme, er hatte ein Gefühl, wie einer, der von einer Höhe herunterspringen will. Er erinnert sich nicht, wie er herunter ging, nur unten am Platze bemerkte er. Dass das Bild bei ihm sei. ‚Ich konnte kaum glauben, dass ich das Bild aus dem Museum forttrug.‘ Jetzt lief er zurück, um das Bild zurückzubringen, soviel weiß er, dass er damals großen Seelenschmerz und starken Kopfschmerz hatte. Daran erinnert er sich nicht, dass der Diener in der Halle ihn angesprochen und ihm gefolgt hätte, aber er erinnert sich, dass der Diener am Fenster neben ihm stand und ihn frug, was er wolle, worauf er mechanisch antwortete, dass er den Katalog suche, und in der Gegenwart des Dieners das Bild auf den leeren Platz an die Wand hängte, von welchem er später erfuhr, dass es ein Rembrandt-Bild war. Der Diener aber nahm das Bild herunter, und er wurde verhaftet. Seine Erinnerung auf die Zeit der geklagten Handlung ist lückenhaft, teilweise fehlt sie gänzlich.“

Die daraus zu ziehenden Schlussfolgerungen sind eindeutig: „Aufgrund der zur Verfügung stehenden Daten sicherlich zu folgern, dass Eugen Schweiger – der ein hereditär belastetes, degeneriertes, an Hysterie leidendes, geistig minderwertiges, also zweifelsohne ein pathologisches Individuum ist – zur Zeit der ihm zur Last gelegtes kriminellen

Handlung an einer krankhaften Störung seiner Geistestätigkeit litt, somit im Besitze seiner freien Willensentscheidung nicht war." Von der Familie selbst in Auftrag gegeben,
entspricht das Bild fatalerweise der späteren faschistischen
Rassentheorie.

Der Angeklagte wird nicht an Deutschland ausgeliefert. Jedes Jahr stellt die Staatsanwaltschaft den erneuten
Antrag, der regelmäßig abgewiesen wird. „Die Wertung
des Untersuchungsergebnisse, sowie der verschiedenen
über ihn ausgestellten Sachverständigen-Gutachten, bringt
die Gefertigten zu der entschiedenen Ansicht, dass Eugen
Schweiger ein hereditär stark belastetes, degeneriertes,
geistig minderwertiges, hysterisches und auch imbezielles
Individuum ist, welches die inkriminierten Handlung als
Ausfluss seiner geistigen Minderwertigkeit beging, und für
welche er wegen seines pathologischen körperlichen und
psychischen Zustandes nicht zur Verantwortung gezogen
werden kann. Dieser Zustand besteht auch heute in un-
verändertem Maße, sein überaus reaktiv veranlagtes Nervensystem reagiert auf jeden unangenehmen äußeren Reiz
in heftigster Weise, wodurch eine Störung des seelischen
Gleichgewichts verursacht wird, und es ist somit zu be-
fürchten, dass bei abermaligen Einwirken von Aufregungen
auf dieses angeboren minderwertige und schwache Nervensystem eine neuerliche Verschlimmerung seines Zustandes eintritt und dass sich im Anschlusse solche Erregungen
bei Eugen Schweiger, welcher bereits infolge von Aufregungen psychotisch war, eine neuerliche geistige Erkrankung
entwickeln würde, welche dann keine weitere Aussicht auf
Heilung bietet. Vom psychiatrischen Standpunkte ist es daher unbedingt nötig, dass Eugen Schweiger vor jederlei Aufregung behütet werde, er somit neuerlichen Verhören nicht

unterzogen werden darf, weil solche vielfache Aufregungen sein Nervensystem vollkommen untergraben und zerrütten kann."

In Leipzig wird das Gutachten in seiner Objektivität bezweifelt. Vielmehr besteht der Verdacht, dass die Psychiater gegen Entgelt dem Börsenmakler Dr. Wilhelm Schneider die Gefälligkeit erwiesen. Am 3. Mai 1911 stellt der Königl. Sächs. Geheimer Rat Prof. Dr. Paul Flechsig sein Gegengutachten: „Da manches für die Auffassung des Diebstahls als Triebhandlung spricht, können zwar gewisse Zweifel erhoben werden, ob bei der Ausführung desselben vollkommen freie Willensbestimmung vorhanden war. Eine wirkliche Ausschließung der letzteren aber im Sinne des § 51 StGB ist nicht mit Sicherheit zu beweisen." Die Gegenseite kontert, Prof. Paul Flechsig hätte seine Schlüsse gezogen, ohne je den Patienten gesehen zu haben. Außerdem bemerkt man: „Der Familie des Beschuldigten wird nicht angesonnen werden können, nach dieser Richtung noch weitere Kosten aufzuwenden, nachdem die eingehend begründeten Gutachten der ersten ungarischen Kapazitäten so wenig Beachtung gefunden haben." Eugen Schweiger ist nicht an den Ort der Tat zurückzuführen.

Die Staatsanwaltschaft greift zu anderen Mitteln, um Beweise für die Zurechnungsfähigkeit des Angeklagten zu erhalten. Sie beauftragt die ungarische Polizei, Eugen Schweiger zu beobachten. Am „12. Oktober 1913 berichtet ein ungarischer Kriminalexpedient auf das Ersuchungsschreiben des K. S. Landgerichtes zu Leipzig über die vertraulich durchgeführte Untersuchung: Eugen Schweiger, Israelit, wohnt bei Vater, hilft ihm im Börsengeschäft, denn nach seiner erfolgten Entlassung aus der Bank hat er keine Stellung angenommen. Er führt einen sehr soliden, nüchternen, zurückgezogenen und sehr abgeschiedenen Lebenswandel und verkehrt nur mit seinen Angehörigen … Was endlich seine Zurechnungsfähigkeit anlangt, ist anzunehmen, dass er gegenwärtig mit vollem Bewusstsein handelt (darüber vollständig im Klaren ist, was er tut), denn er geht täglich im Auftrage seines Vaters auf die Börse und disponiert dort selbständig, trotzdem er jetzt noch außerordentlich nervös ist."

Jeden Januar erfolgt ein erneutes Auslieferungsersuchen, dem die Gegenseite widerspricht. Der endlich angesetzten Hauptverhandlung am 20. März 1917 kann nicht Folge geleistet werden, da Eugen Schweiger den Gestellungsbefehl erhalten habe. Darauf meldet der Staatspolizist Imre Todt, „dass E. S. zum Militär nicht eingezogen ist und ein Verfahren gegen ihn nicht schwebt".

Am 13. Dezember 1917 wird „das in der Strafsache gegen den Bankbeamten Eugen Schweiger in Budapest wegen Diebstahls von seinem Vater Hinterlegte, die in der Hauptsache in Nom. 30 300 M 3 ½ % K. S. Staatsanleihe angelegte Sicherheit in Höhe von 30 000 M als der Staatskasse verfallen erklärt … Der vom Angeklagten bzw. seinem Vater vorgebrachte Einwand, dass er nicht böswillig der gerichtlichen Aufforderung nicht Folge geleistet habe, weil er in seiner Heimat wegen Geisteskrankheit entmündigt worden sei und ihm in seiner Heimat die Ausstellung eines Passes wegen seiner Militärdienstpflicht verweigert werde, ist unbeachtlich bzw. unbegründet." Auch kann ihn der Vater aufgrund schlechter Gesundheit nach Leipzig nicht begleiten. Der Staatsanwalt schlägt vor, „daß ihm anheimgestellt bleibe, einen anderen Reisebegleiter sich auszuwählen". Das tut Eugen Schweiger nicht. Er legt gegen den Einbehalt des Geldes Beschwerde ein, die er am 19. Februar 1918 zurückzieht. Am 11. Mai 1918 wird das Geld der Landeskasse überwiesen. Am 1. März 1923 stellt die Staatsanwaltschaft das Verfahren wegen Verjährung ein.

Der Raub der Mona Lisa im Jahre 1911 geriet zum Weltereignis. Vom Raub des Rembrandt-Bildnisses erzählt nur eine Akte.

BUNTMETALL

Filme und Bücher erzählen darüber, auch heute gibt es einen Schwarzen Markt. Doch so wie er nach dem Kriege in der Hauptstadt existierte, gab es ihn nie wieder. Zwischen Trümmern und Ruinen boten Menschen alles feil. Zigaretten wurden Währung wie im Knast. Goldschmuck wurde gegen Kartoffeln eingetauscht. Mädchen schmuggelten im Büstenhalter, Kriegsversehrte in ihrer Prothese. Viel zwielichtiges Gesindel trieb dort Handel. Aber auch der normale Bürger, damit er was zum Essen auf dem Tisch hatte. „Erst kommt das Fressen, dann die Moral", meinte Brecht. Die Razzien der Polizei nahmen Hunderte in Haft, auch gute Genossen.

„Auf den ersten Blick möchte es scheinen, daß der Wert einer Ware etwas ganz Relatives und ohne die Betrachtung der einen Ware in ihren Beziehungen zu allen anderen Waren gar nicht zu Bestimmendes ist. In der Tat, wenn wir vom Wert, vom Tauschwert einer Ware sprechen, meinen wir ihre quantitativen Proportionen, worin sie sich mit allen anderen Waren austauscht. Aber dann erhebt sich die Frage: Wie werden die Proportionen reguliert, in denen Waren sich miteinander austauschen? ... Die Marktpreise drücken nur die unter den Durchschnittbedingungen der Produktion für die Versorgung des Markts mit einer bestimmten Masse eines bestimmten Artikels notwendige Durchschnittsmenge gesellschaftlicher Arbeit aus. Er wird aus der Gesamtheit aller Waren einer bestimmten Gattung errechnet. Soweit fällt der Marktpreis einer Ware mit ihrem Wert zusammen. Andererseits hängen die Schwankungen der Marktpreise bald über, bald unter den Wert oder natürlichen Preis ab von den Fluktuationen des Angebots und der Nachfrage, Abweichungen der Marktpreise erfolgen also ständig" (Karl Marx: *Lohn, Preis und Profit*).

■ Am 4. Juli 1950, 22.30 Uhr, erreichte das Polizeiamt Leipzig, Abteilung K, ein Ersuchen der der VP-Kreisstelle Teltow: „Betr. Buntmetallverschiebung der
Rudolf Koppitz, geb. 30. 06. 1926 in Leipzig, wohnhaft in Leipzig Gabelsberger Straße 24,
Gerhard Gräfe, geb. 10. 03. 1907 in Leipzig, wohnhaft in Leipzig, Lützschenaer Straße 80/3,
Max Fiedler, geb. 20. 12. 1912 in Leipzig, wohnhaft in Leipzig, Lange Reihe 29/3, links.
Die im Betreff Genannten wurden am 4. Juli 1950 in dem D-Zug von Leipzig nach Berlin-Anhalter Bahnhof, gegen 9.30 Uhr gestellt und durch die VP-Grenzbereitschaft b. Bahnhofskomm. Großbeeren, nach Teltow überführt. Es wird gebeten bei den drei Beschuldigten sofortige Hausdurchsuchungen nach weiteren Buntmetallen durchzuführen und das Ermittlungsergebnis per Blitz nach hier zu reichen, da Haftsache. Der Beschuldigte Koppitz gibt in seiner Vernehmung an, die Tat im Auftrage seines Bruders Hans Koppitz, wohnhaft Leipzig, Harbeckweg 18, begangen zu haben … Es wird gebeten, zu dieser Angelegenheit dort weitere Ermittlungen zu führen."
Die Kriminalwache vermerkt: „Die zuständigen VP-Reviere wurden angewiesen, bei den umstehend genannten Beschuldigten eine Wohnungsdurchsuchung vorzunehmen.

• Die bei dem Rudolf Koppitz vom 15. VP-Revier durchgeführte Wohnungsdurchsuchung war ohne Erfolg (VPOW Bernstorff).

• Die Die bei dem Gerhard Gräfe vom 22. VP-Revier durchgeführte Wohnungsdurchsuchung war ohne Erfolg. (VPW Weimar).

• Die Die bei dem Max Fiedler vom 9. VP-Revier durchgeführte Wohnungsdurchsuchung war ohne Erfolg (VPW Schackel).

• Die Die bei dem Hans Koppitz vom 10. VP-Revier durchgeführte Wohnungsdurchsuchung war von Erfolg und es wurde die Zuführung des Genannten veranlaßt, da wie aus Umstehenden ersichtlich, noch Weiteres gegen den K. vorliegt."

Das Sicherstellungsprotokoll verzeichnet verschiedene Stück Kupferdraht, Kabel (ca. zehn Meter) und Metallstücke. Auch ist der 49-jährige Hans Koppitz vorbestraft. 1925 erhielt er wegen Landfriedensbruch und 1947 wegen einfachen Diebstahls jeweils neun Monate Haft. Beide Strafen fielen unter Amnestie. Hans Koppitz arbeitet im Braunkohlentagebau und ist Vater von zwölf Kindern im Alter von vier Wochen bis 24 Jahren. Außerdem hat er die Vormundschaft über seinen Enkel Franz. Koppitz ist sofort geständig: „Am 30. Juni 1950 feierte mein Bruder Rudolf seinen 24. Geburtstag. Ich war dazu eingeladen. Wir haben erst in seiner Wohnung gefeiert, und gg. 20 Uhr sind dann mein Bruder, mein Schwager und ich in zwei Lokale gegangen. Dort habe ich einige Glas Bier getrunken und war schon etwas angetrunken. Soviel ich mich besinnen kann, brachte ich dann beim Bezahlen das Gespräch auf meine Geldknappheit. Aufgrund meiner Angetrunkenheit kann ich mich nicht mehr genau erinnern. Wahrscheinlich habe ich dann von den ca. 12 bis 15 kg verschiedenem Buntmetall erzählt, welches ich zu Hause hatte. Ich habe wahrscheinlich über die Möglichkeit gesprochen, dieses Buntmetall in Berlin-West zu veräußern. Mein Bruder war einverstanden, in meinem Auftrag nach Berlin-West zu fahren und dort das Buntmetall für mich zu veräußern.

Mein Bruder kam dann am 2. Juli gegen 10 Uhr in meine Wohnung und sah sich das Buntmetall an. Bei dem Buntmetall handelt es sich um Stücke aus Kupfer, ferner Messing. Ich habe das Buntmetall im Laufe von ca. 1 Jahr gesammelt, und zwar zum Teil aus meiner eigenen Arbeitsstätte, der Braunkohlengrube Espenhain, und auch einen Teil auf Straßen und Wegen gesammelt. Ich vereinbarte dann mit meinem Bruder, daß ich das Buntmetall durch meinen Sohn Harald am 3. Juli in die Wohnung meines Bruders bringen lassen wollte. Mein 14-jähriger Sohn hat dann auch das Buntmetall in einem Rucksack mit der Straßenbahn in die Wohnung meines Bruders gebracht. Mein Bruder wollte Anfang dieser Woche nach Berlin fahren. Über die geplante Veräußerung des Buntmetalls haben außer meinem Bruder Rudolf keine weiteren Familienangehörigen Kenntnis.

Das für das Buntmetall erhaltene Geld wollte mir mein Bruder ohne Abzug nach seiner Rückkehr übergeben. Es ist nicht davon gesprochen worden, ob in Ost- oder Westwährung. Wann mein Bruder nach Berlin gefahren ist, kann ich nicht angeben. Ich habe bisher in dieser Angelegenheit bis zu meiner heutigen polizeilichen Vernehmung nichts wieder gehört."

Rudolf Koppitz sollte das Buntmetall illegal verkaufen. Die Möglichkeit bestand, gesetzwidrig, aber geduldet. „Das staatliche Bewirtschaftungssystem des Dritten Reiches, das von den Alliierten beibehalten wurde, zerbröckelte am

‚Schwarzen Markt'. Angesichts der relativen Wertlosigkeit von Geld und Lebensmittelkarten sah sich der ‚Normalverbraucher' auf Schwarzhändler und Schieber angewiesen, da er auf dem offiziellen Markt des Rationierungssystems das Lebensnotwendige nicht erhielt. Deutschland war ein Land mit drei Währungen geworden: Staatliche Gehälter und Steuern wurden in Reichsmark gezahlt. Seit August 1946 gab es für den Verkehr zwischen alliierten und deutschen Stellen von den Siegermächten gedrucktes Besatzungsgeld, das nicht in Reichsmark umgewechselt werden konnte. Wichtigstes Zahlungsmittel waren aber Zigaretten, für die man auf dem Schwarzen Markt fast alles erhalten konnte. Deutschland war damit in den archaischen Zustand der Naturalwirtschaft zurückgefallen: Waren konnten nur gegen Waren getauscht werden. Arbeiter waren oft nur drei Tage in der Woche in der Fabrik. An den übrigen Tagen tauschten sie ihren Lohn, der ebenfalls zum Teil aus Waren bestand, gegen Lebensmittel und andere Güter des täglichen Bedarfs ein. ‚Der größte Teil der Schwarzmarktgeschäfte besteht aus Tauschhandel von Waren aus zweiter Hand, angefangen von alten kostbaren Pelzmänteln bis zu Kochtöpfen und abgelegten Schuhen und Galoschen, gegen Zigaretten, Schokolade, Kartoffeln oder Mehl. In den großen Städten besonders im Westen sind organisierte Tauschmärkte Tag und Nacht geschäftig, auf denen einfach alles gehandelt werden kann, mit Einschluss von Eisenbahnfahrkarten für Fernzüge (für die man eine Spezialerlaubnis braucht), interzonalen Pässen oder anderen gefälschten Papieren, die zur Erlangung amtlicher Vorteile nützlich sein könnten. Die Menschenmenge in diesen verwüsteten Städten ist ewig auf der Wanderschaft.'"

Hans Koppitz gibt zu Protokoll: „Ich habe die Veräußerung des Buntmetalls vornehmen wollen, da ich mich in

Geldschwierigkeiten befinde. Ich bin Mitglied der SED und habe im Stadtbezirk die Funktion als Literaturobmann. Seit Anfang dieses Jahres habe ich von dem eingenommenen Literaturgeld nach und nach ca. 350,00 DM entnommen und für persönliche Zwecke verbraucht. Um dieses Geld wieder zu beschaffen, wollte ich das Buntmetall veräußern."

„Lernen, lernen, nochmals lernen", riet Genosse Wladimir Iljitsch Lenin. „Wir würden zur Schulung, Erziehung und Bildung kein Vertrauen haben, wenn sie sich auf die Schule beschränkte und von den Stürmen des Lebens losgelöst wäre. Solange die Arbeiter und Bauern von den Gutsbesitzern und Kapitalisten unterdrückt sind, solange sich die Schulen in den Händen der Gutsbesitzer und Kapitalisten befinden, bleibt die junge Generation blind und unwissend. Unsere Schule aber soll der Jugend die Grundlagen des Wissens vermitteln, sie soll sie befähigen, sich selbständig kommunistische Anschauungen zu erarbeiten, soll aus ihr gebildete Menschen machen. Sie soll die Menschen zu Teilnehmern am Kampf für die Befreiung von den Ausbeutern erziehen ... Die alten Bücher genügen hier nicht" (Lenin: *Die Aufgaben der Jugendverbände*).

„Die Veräußerung des Buntmetalls habe ich nur deshalb vorgenommen, weil ich in finanziellen Schwierigkeiten war, und deshalb mich an Geldern vergriffen habe, die ich für verkaufte Broschüren eingenommen hatte, und die ich an den Kreisvorstand der SED im Karl-Marx-Haus hätte abliefern müssen. Wie hoch die Unterschlagung ist, weiß ich nicht, die angegebenen 350,00 DM sind nur eine Schätzung. Das muß alles erst durchgerechnet werden. Ich bin nur aus der Not dazu verleitet worden, weil meine Einnahmen für die große Familie nicht ausreichten. Sieben Kinder von meinen insgesamt zwölf Kindern sind noch unter vierzehn Jahren, und drei der älteren Kinder sind jetzt arbeitslos. Ich verdiente als Gleisarbeiter der SAG Espenhain nur 99 Pf in der Stunde und kam so etwa auf 180,00 DM netto pro Monat.

Daß die Verschiebung von Buntmetall besonders streng genommen wird, wußte ich, ich habe mir aber nichts dabei gedacht, weil es nicht soviel war. Ich habe mir das gar nicht lange überlegt. Ich habe an dem betreffenden Tag ziemlich viel Schnaps getrunken, noch ehe der Geburtstag gefeiert wurde. Mehr als 15 kg Buntmetall waren es bestimmt nicht. Ich sagte noch zu meinem Bruder, das lohnt sich doch kaum wegen des Fahrgelds." Darauf wird der anliegende Haftbefehl verkündet und vollstreckt. Gründe: Hans Koppitz hat „Gegenstände, die wirtschaftlichen Leistungen zu dienen bestimmt sind, der Wirtschaft entzogen und beiseite geschafft und hat somit vorsätzlich entgegen dem ordnungsgemäßen Wirtschaftsablauf wichtige Rohstoffe der Volkswirtschaft entzogen und die Durchführung des Volkswirtschaftsplanes beeinträchtigt. Als Geschädigter kommt die Volkswirtschaft der DDR infrage. Der Wert des Buntmetalls beträgt 50,00 DM. Der Schaden ist bedeutend höher, da durch Verschieben des Buntmetalls der Volkswirtschaftsplan beeinträchtigt wird." Außerdem stiftete Hans Koppitz seinen Bruder zum Verkauf des Buntmetalls in Westberlin an und hat gegen den innerdeutschen Handel verstoßen. Er unterschlug nach eigener Schätzung 350,00 DM an Parteigeldern. Es bestehen Fluchtgefahr und Verdunklung. Die Zellentür schließt sich hinter dem Schieber.

Die Ermittlungen werden fortgesetzt. Bruder Rudolf Koppitz ist aufgrund von Gelenkrheumatismus krank geschrieben und sagt: „Am 30. Juni 1950 erzählte mir mein Bruder Hans, daß er ca. 350,00 DM SED-Beiträge vom Literaturvertrieb unterschlagen hat. Er ist auf seiner Arbeitsstelle Funktionär, in seinem Wohnort ist er Wohnbezirksgruppenleiter und Literatur-Obmann. Er bat mich, ihm aus der Klemme zu helfen, damit er schnellstens diese unterschlagenen Gelder ersetzen kann. Er übergab mir ca. 15 kg Buntmetall und mehrere Silber- und Dubléegoldteile von Schmuck, etwa 100 Gramm. Diese sollte ich im Berliner Westsektor gegen Westgeld veräußern. Dieses Westgeld sollte ich dann zum schwarzen Kurs in DM umtauschen. Das erzielte Geld für das Metall wollte ich meinem Bruder abgeben.

Frage: Wieviel kostet die Hin- und Rückfahrt von Leipzig nach Berlin?

Antwort: Die Reise per D-Zug kostet 32,40 DM." Nochmals: Der erzielte Gewinn hätte etwa 50 Mark betragen.

Rudolf Koppitz versichert, „das erste Mal versucht zu haben, Buntmetall nach dem Westsektor von Berlin zu verschieben".

Die Parteigruppe in Meusdorf recherchiert die Unterschlagung ihres Literaturobmannes und bringt zum Fall Koppitz folgende Sätze zur Kenntnis: „Bei unserer gestrigen Vorstandssitzung wurde beschlossen, dass unser Stadtbezirk die Schuld des Gen. Koppitz zu Recht anerkennt und somit auch sein Verschulden einer zu geringen Wachsamkeit von seiten des Stadtbezirkes, auch ein nicht geringer Teil der Kreislit.abteilung auszusprechen ist, denn es wäre die Möglichkeit gegeben, zu gegebener Zeit eine weitere Ausgabe von Literatur an den Gen. Koppitz zu verhindern. Die Entschließung lautet, dass sich der Stadtbezirk verpflichtet, die Schuld von DM 1 509,79 zu Lasten des Gen.

Koppitz, so gut als möglich, einzutreiben. Eine weitere Schuld durch Aussetzung der Zahlung wird nicht übernommen. Nach Abzug des am heutigen Tag gezahlten Betrages von 167,67 DM kann von einer Unterschlagung gesprochen werden, die DM 1 342,12 beträgt. Nach mündlichen Aussagen der Genossen aus dem Stadtbezirk hat K. bei einer Revision im März d. J. nicht alle Rechnungen und Belege ordnungsgemäß vorgelegt und somit den tatsächlichen Stand des Literaturvertriebs in einem günstigeren Licht erscheinen lassen. Durch diese Handlungsweise hat K. die Revisoren getäuscht und die Partei geschädigt. Sollte der Stadtbezirk künftig in der Lage sein, so werden die Koppitz zustehenden 10 % des Verkaufes ebenfalls zur schnelleren Begleichung an den Kreis abgeführt ... Die vorhandene Literatur, welche teilweise in einem unmöglichen Zustand sich befindet, muß zurückgenommen werden, da bei einer Nichtdurchführung eine Verwicklung und Verschleierung entstehen würde, was wir für den künftigen Lit.-Obmann ablehnen müssen. Mit sozialistischem Gruß ..."

Der Staatsanwalt erhält einen handschriftlichen Brief, der wahrscheinlich vom Anwalt des Hans Koppitz verfasst wurde, denn Text und Unterschrift weisen unterschiedliche Schriftzüge auf. Es ist die Bitte, ihn „aus der Untersuchungshaft zu entlassen bzw. bis zum Termin zur Hauptverhandlung auf freien Fuß zu setzen". Hans Koppitz gibt folgende Gründe zur Haftverschonung an: „Durch eine längere Inhaftierung würde meine Familie in einen Notstand geraten. Zu meiner Familie zählen noch elf versorgungspflichtige Kinder. Wenn ich bis zur Verhandlung entlassen werde, bin ich in der Lage, für meine Angehörigen zu sorgen bzw. für den kommenden Winter Hilfe zu gewähren. In meinem Fall besteht keine Fluchtgefahr, ich habe festen Wohnsitz, und

Verdunklungsgefahr ist ausgeschlossen, da ich mein Vergehen gestanden habe. Ich bitte Sie im Interesse meiner Familie, mich aus der Haft zu entlassen." In der Erwartung einer baldigen und günstigen Entscheidung zeichnet hochachtungsvoll Hans Koppitz.

Das Urteil lautet zwei Monate, zwei Wochen für den illegalen Metallhandel, zusätzlich zwei Wochen für die Unterschlagung der Parteigelder. Die Strafe gilt mit der erlittenen Untersuchungshaft als verbüßt. Bruder Rudolf wird verurteilt, 30 Mark zu zahlen.

„Das Lumpenproletariat, diese passive Verfaulung der untersten Schichten der alten Gesellschaft, wird durch die proletarische Revolution stellenweise in die Bewegung hineingeschleudert, seiner ganzen Lebenslage nach wird es bereitwilliger sein, sich zu reaktionären Umtrieben erkaufen zu lassen. Die Lebensbedingungen der alten Gesellschaft sind schon vernichtet in den Lebensbedingungen des Proletariats. Der Proletarier ist eigentumslos; sein Verhältnis zu Weib und Kindern hat nichts mehr gemein mit dem bürgerlichen Familienverhältnis … Die Gesetze, die Moral, die Religion sind für ihn ebenso viele bürgerliche Vorurteile, hinter denen sich ebenso viele bürgerliche Interessen verstecken" (Marx/Engels: *Manifest der kommunistischen Partei*).

DIE GRIMMAER MASSENVERGIFTUNG

Auch heute berichten Schlagzeilen von falsch dosierten Medikamenten. Arzneien, aus dem Internet bestellt, bergen hohe Risiken. Die Inhaltsstoffe unterliegen keiner Kontrolle. In den Arzneimittelwerken wird ständig analysiert, geprüft und getestet. Sollte man meinen. Im Dezember 1951 erreichte aus Grimma die Leipziger Polizei diese Meldung: „Massenvergiftung im Stadtkrankenhaus". Das Herzmittel war überdosiert gewesen. Sofortige Ermittlungen führen zu keinem Verursacher der Todesfälle. Im Verantwortlichen der Produktion scheint man ihn endlich gefunden zu haben. Der Verdächtige greift zu einem drastischen Mittel, um seiner Verhaftung zu entgehen.

■ Am 12. Dezember 1951 meldet die Polizei Leipzig Massenvergiftungen im Kreiskrankenhaus Grimma: „Am heutigen Tage gegen 12 Uhr wurde vom VPA Grimma, Abtlg. K-Komm. C, fernmündlich nach hier mitgeteilt, dass dort soeben bekannt geworden sei, dass im Stadtkrankenhaus, fünf herzkranke Patientinnen vom Arzt Dr. Gotthilf Weißhaupt mit Strophanthin injiziert wurden, an dessen Folgen schon nach 2 Minuten die erste Person verstorben sei. Zwei weitere Patientinnen befänden sich bereits in der Agonie und bei den beiden anderen sei der Zustand ebenfalls sehr bedenklich. Nach Angaben des VPKA Grimma habe der behandelnde Arzt erklärt, dass die Ampullen nach seiner Meinung eine 10-fach stärkere Konsistenz wie auf den Etiketten angegeben haben müssten."

Strophanthin ist ein Herzglycosid und wurde früher zur Behandlung von Herzkrankheiten eingesetzt. 1859 wurde die Wirkung des *Strophanthus*-Samens entdeckt, als während der Livingstone-Expedition in Afrika die Zahnbürste eines Biologen von diesem unbemerkt in Kontakt mit dem Strophanthus-Pfeilgift kam und unmittelbar darauf dessen Herzbeschwerden verschwanden. Die therapeutische Weiterentwicklung und der Nachweis der schnellen und starken Wirkung bei intravenös verabreichtem Strophanthin geht auf den deutschen Arzt Albert Fraenkel zurück, der es ab 1905 bei Herzinsuffizienz anwandte.

„Bei einer Überdosierung kann es zu erheblichen Nebenwirkungen kommen. Die Erregungsleitung im Reizleitungssystem wird unter Umständen bis zur totalen Blockade gebremst. Herzrhythmusstörungen werden gefördert, typisch ist das Auftreten eines Zwillingspulses. Außerdem können Appetitlosigkeit, quälende Übelkeit, Erbrechen, Durchfälle und Sehstörungen wie Augenflimmern, Farbsehen oder Doppelbilder die Folge sein. Diese charakteristischen Zeichen der Strophanthin-Überdosierung können bereits nach der eineinhalbfachen Dosis auftreten. Wegen ihrer schmalen therapeutischen Breite und ihrer Nebenwirkungen werden Herzglycoside immer seltener zur Behandlung von Herzinsuffizienz eingesetzt."

Fünf Patientinnen des jungen Stationsarztes Dr. med. Albrecht Weißhaupt zeigen die typischen Vergiftungssymptome. Kein Vierteljahr übt Weißhaupt seinen Beruf in der Frauenklinik Grimma aus. Er ist 27 Jahre, gerade mit dem Studium fertig. Sein Gehalt beträgt 700,00 MDN. Er kann sich die Katastrophe nicht erklären. Er hat anweisungsgemäß gehandelt, die Therapien abgesprochen. Die Patientenakten bestätigen seine Aussagen. Trotzdem versterben zwei weitere Patientinnen. Die 60-jährige Helene Wuckel sollte am nächsten Tag entlassen werden. Jetzt stehen die Verwandten vor ihrer Leiche.

Die Polizei stellt sofort die Medikamente sicher und lässt sie untersuchen. „Behandelt wurde mit 1,1 ccm 0,25 mg Strophanthin, das auf 2 ccm durch physicl. Kochsalzlösung aufgefüllt wurde." Die Kochsalzlösung kann als Ursache ausgeschlossen werden, da sie auch anderen Patienten verabreicht wurde. Verunreinigungen und Sterilitätsfehler sind nicht feststellbar. Am Hallenser Institut sind Versuche mit dem eingesandten Strophanthin „an Meerschweinchenherzen vorgenommen worden mit dem Ergebnis, dass das beanstandete Material 4-mal stärker wirkte als das entsprechende Vergleichsmaterial". Und aus Leipzig teilte man „auf fernmündliche Rückfrage bei Dr. med. Harprecht vom Pharmakologischen Institut der Universität mit, dass zunächst unter großem Vorbehalt gesagt werden könne, dass das beanstandete Material etwa die dreifache Menge des wirksamen Medikaments enthalte als das mit übergebene Vergleichsmaterial. Die Untersuchungen seien an einer Katze erfolgt. Froschversuche seien zur Zeit noch im Gange. Näheres Ergebnis könne eventuell am 15. Dezember morgens mitgeteilt werden." Somit ist die Überdosierung des Strophanthins als todesursächlich nachgewiesen. Noch immer kämpfen zwei Patientinnen Dr. Weißhaupts in der Frauenklinik Grimma mit dem Leben. Sie zeigen die klassischen Symptome wie „Erbrechungen, kalten Schweißausbruch, starke Verlangsamung des Pulses, Angstgefühle und starke Lippencyanose".

Die Strophanthin-Vergiftung scheint kein Verbrechen üblicher Erfahrung. Das Ministerium für Staatssicherheit übernimmt die Ermittlungen, ein staatsgefährdender Anschlag kann nicht ausgeschlossen werden. Die tödlichen Ampullen sind Teil der Charge 507081 und hergestellt durch die chemische Firma Gaudlitz & Arndt in Leipzig, Max-Liebermann-Straße 40. Die restlichen Ampullen im Lagerbestand werden beschlagnahmt. Allein verantwortlich für die Produktion dieses strophanthinhaltigen Medikaments ist der 60-jährige Apotheker Ernst Teubner. „Auf Befragen erklärte der, dass es undenkbar sei, dass die Füllung von Strophanthin-Ampullen zu ¼ mg eine erheblich stärkere Beschaffenheit aufweisen. Es sei höchstens denkbar, dass der zur Zubereitung der Strophanthinlösung benötigte Ballon infolge mangelhafter Reinigung kristallisierte Rückstände aufwies und durch deren Auflösung bei der nächstfolgenden Tagesproduktion von Strophanthin diese Lösung um Bruchteile stärker war, als es dem Rezept entspricht. Eine andere Möglichkeit für eine Überdosierung der Ampullen ist nach Angaben des Teubner nicht denkbar. Eine Kontrolle des versandfertigen Strophanthin erfolgte nach Angaben des Teubner durch ihn selbst von Zeit zu Zeit und erbrachte bisher noch keine Abweichungen vom Rezept." Hergestellt wurden die Ampullen am 7. August 1951. Danach wurden 5 000 davon ausgeliefert, auch an die Apotheken in Grimma, woher sie das Krankenhaus bezog. Seit vier Monaten wurden sie landesweit zur Behandlung eingesetzt, Beanstandungen zur Wirksamkeit hatte es bislang nicht gegeben. In Grimma versterben daran drei Menschen.

Industrie-Apotheker Ernst Teubner feierte am 4. Dezember seinen 60. Geburtstag. 1891 wurde er in Leipzig geboren. Seit 1926 ist er verehelicht. Die Familie wohnt

Lamprechtstraße 17, Nähe Volkshain Stünz. Gut eine Woche nach seinem Jubiläum steht Teubner im Verdacht, drei Frauen aus Fahrlässigkeit getötet zu haben. Es ist kein Nachweis seiner Schuld erbracht, doch Teubner leidet. Er ist im Visier der Staatssicherheitsbehörde. Und die Ermittler stellen in seinem Lebenslauf Vorstrafen fest. 1939 verurteilte man ihn aufgrund von Unterschlagung und Betrug. Ein Jahr und neun Monate Haft, lautete das Urteil. Damals war Teubner Kassierer bei der Firma Robert Lienau, er arbeitete als Expedient, kaufmännischer Angestellter, Lagerist und war als Aushilfskraft bei der Sächsischen Landeskreditanstalt tätig. Im Jahr 1949 stellte ihn die Firma Görlitz als Industrie-Apotheker ein. Auf Empfehlung übernahm ihn am 1. Juli 1951 die chemische Firma Gaudlitz & Arndt. Ein Hochschulabschlusszeugnis als Pharmakologe besaß Ernst Teubner nicht. Er kann nicht einmal einen Nachweis seiner Ausbildung zum Apotheker erbringen. Einzig der Hinweis existiert, dass er von 1909 bis 1912 als Apothekenlehrling beschäftigt gewesen sein soll. Konjunktiv. Teubner ist Mitglied von FDGB, DSF, SED, er ist gesellschaftlich aktiv. Mehrere Vorträge hat er als SED-Betriebsgruppensekretär gehalten. Im Sommer 1951 war Ernst Teubner im Betrieb alleinverantwortlich für die industrielle Herstellung von Strophanthin. Keiner hatte seine Befähigung dafür geprüft. Jetzt war die Katastrophe eingetreten: Teubners Medikamenten-Mix war tödlich. Oder?

Am 15. Dezember wird die Polizei vormittags zehn Uhr nach Stünz gerufen. „Es handelt sich um die Wohnung Lamprechtstraße 17, Erdgeschoss rechts, die aus Stube, Kammer, Küche und Klosett besteht. Im Schlafzimmer steht rechts neben der Tür ein Schlafstubenschrank, links neben der Tür eine Kommode und daneben ein Schrank. Halb links gegenüber der Tür stehen die Ehebetten und neben jedem Bett ein Nachttischchen. Im hinteren Bett am Fenster liegt die Leiche auf der rechten Seite. In der Hüfte ist der Tote etwas nach rechts verdreht. Die Beine sind leicht angewinkelt, der Kopf liegt zum Teil auf dem rechten Oberarm und mit der vorderen Gesichtshälfte auf der Bettkante. Der rechte und linke Arm hängt zum Bett heraus in einem vor dem Bett stehenden Zinkeimer. An beiden Armen oberhalb des Handgelenkes ist ein tiefer Schnitt sichtbar, welcher mit Sicherheit die Pulsader durchschnitten hat. Am linken Arm ist die Verletzung ca. 5 cm lang, ¾ cm tief und 3 cm breit. Am rechten Arm ist die Wunde ca. 3 cm lang, ¾ cm tief und 2 cm breit. Die Totenstarre ist noch nicht voll ausgebildet. Die Totenflecke sind deutlich sichtbar. Die Totenkälte ist noch nicht vorhanden. Die Leiche greift sich warm an. In dem vor dem Bett stehenden Eimer befand sich eine größere Menge Blut."

Gerda Teubner hatte ihren Gatten tot gefunden. Sie kam morgens um acht Uhr vom Krankenbesuch bei ihrer Schwester und wähnte ihren Mann auf Dienstreise in Gotha. Von der Dramatik des Geschehens hatte sie noch nichts erfahren. Es traf sie wie ein Schlag. Ernst hatte bis zum Lebensschluss an sie gedacht, ließ sein Blut in einen Eimer laufen. Gerda sollte nicht die Wohnung reinigen müssen. Und Gerda findet Ernst Teubners letzte Worte. Ein Schreiben, fünf Zettel:

Ich bezeuge hierdurch eidlich, dass ich freiwillig aus dem Leben geschieden bin.

13. 12. 1951   Ernst Teubner

1.
Grüße bitte Anita, Bergers und Elisabeth und Brigitte nochmals von mir.

2.
Alles, was ich hinterlasse gehört ausschließlich meiner Frau als mein Erbe. Dies ist mein letzter Wille bei vollem Bewusstsein.

12. 1951   Ernst Teubner

3.
Meine Firma hat an Dich noch zu zahlen:
7 Tage Gehalt (Ferien) bis 21. 12.
Wahrscheinlich erhältst Du das ganze Dezembergehalt bis 31. 12. und noch Gehalt bis zum 15. Januar, d. h. noch für

Dezember	225,30
und Januar	<u>219,00</u>
	<u>444,30</u>

Ferner vom Geschäft abholen für Zahlung von der Ortskrankenkasse, dann erhältst Du Begräbnisgeld von der Gewerkschaft, was die Firma noch auszahlen muss ca. 150,00 DM, so dass Du in allem erhalten wirst schätzungsweise 744,00 DM, wovon allerdings die Begräbniskosten abgehen.
Bitte sage der Firma, dass es mein Wunsch ist, dass niemand mit zur Beerdigung geht und auch keinen Kranz. Du brauchst Dich nicht zu zieren, wenn sie stattdessen Dir das gesamte Geld geben.

4.
Meine liebe gute Frau, Du weißt, weshalb ich diesen Schritt tuen muss und Dich allein zurücklassen muss. Vergib mir die-

sen Schritt, wie ich auch zu Gott bitte, dass er mir vergeben möge. Denke immer gut von Deinem Ernst

Ich wollte eigentlich noch heute nach der DHZ Gotha fahren, aber nun hat sich ja alles erledigt und ich kann meinen Vorsatz zu Hause ausführen, da Du nicht da bist.
Sei nicht traurig, es muss sein.

5.
Im Geschäft bei Gaudlitz & Arndt Tel. 50345 anrufen oder selbst hingehen. Max-Liebermann-Straße 40, Linie 6, am oberen Ende der Johnny-Scheer-Straße.
Vom Arzt drei Totenscheine ausstellen lassen und mit in das Geschäft nehmen.
Gehalt vom Geschäft abholen.
Ich habe noch 7 Tage Ferien bezahlt zu erhalten.

Die Schlussfolgerungen der Ermittler sind schnell gezogen. „Teubner war sich bewusst, dass er der verantwortliche Mann für das hergestellte Medikament war und war kopflos geworden … es dürfte zweifelsfrei feststehen, dass es sich hier um einen Selbstmord durch Pulsaderschnitt handelt. Teubner hatte Angst vor einer evtl. zu erwartenden Strafe … Es bleibt den verantwortlichen Stellen vorbehalten, künftig derart wertvolle Medikamente solchen Firmen innerhalb der DDR zu Arzneimittelherstellung anzuvertrauen, die auch tatsächlich die Gewähr dafür bieten, dass eine sorgfältige Zubereitung und eine dem Zweck entsprechend einwandfreie Herstellung garantiert ist.

Unerklärlich bleibt es aber, dass es bei einer Anzahl von 5 000 Ampullen je Charge nicht zu weiteren Komplikationen gekommen sein soll, da kaum denkbar ist, dass nur einzelne Ampullen der Charge verwendbar waren. Obwohl die oberen Bruchteile der in Grimma benutzten Ampullen nicht beigezogen werden konnten und es dadurch unkontrollierbar ist, ob diese vielleicht nachträglich in böswilliger Weise geöffnet und verfälscht wurden, wird es für ratsam gehalten, durch das Min. f. Gesundheitswesen der DDR Nachfrage über Sterbefälle zu veranlassen, wo mit Strophanthin behandelt worden war, da es durchaus möglich ist, dass bei dezentralen Auftreten die Folgen der Strophanthinwirkung weniger Beachtung finden.

Durch eine Betriebsbegehung in Leipzig durch die Verw. f. Staatssicherheit und der Staatl. Kontrolle war man gleichfalls auf den Abteilungsleiter der Herstellerfirma aufmerksam geworden, welchem die Mischung des Strophanthin oblag. Die Mordkommission Leipzig hatte bereits dessen Festnahme vorgesehen, wurde aber rechtzeitig vom Min. f. Staatssicherheit benachrichtigt, vorläufig nichts weiter zu unternehmen. Erst als am 15. 12. 1951 der Selbstmord des Abt.-Leiters bekannt wurde, ist die Mordkommission mit der Weiterbearbeitung des Vorgangs betraut worden.

Der Geschädigte hatte sich durch Pulsaderschnitt gerichtet und gibt in seinen Abschiedsbriefen an, dass er ein Schuldgefühl nicht los wird, obwohl er selbst keine Erklärung für die Vergiftungsfälle finden kann. Die Ursache der Ableben in technischen Fehlern bei der Injektion zu suchen, scheidet wohl durch die vorgenommene Probenuntersuchung aus. Es wird nochmals darauf hingewiesen, dass ein Bestimmungserlass für die pharmazeutischen Betriebe, der vorschreibt, dass von jeder Charge eine Probe zurückbehalten werden muss, unerlässlich ist."

Fall geklärt – Fragen bleiben. 5 000 Mal verseuchtes Strophanthin, dreimal nur war es tödlich. Nicht alle Ampullen der Charge 507081 konnten zurückgerufen werden. Anzunehmen ist, dass sie verabreicht wurden, doch kein weiterer Todesfall ist aufgetreten.

Strophanthin war als Substanz mit tödlicher Wirkung bekannt. Der Mordprozess Dr. Peter Richter war 1923 aufmerksam medial begleitet worden. Der Arzt hatte seiner Geliebten Käthe Mertens das Gift in einer vorgetäuschten Untersuchung rektal beigebracht. Der Tod von Maxim Gorki soll auf eine Überdosis Strophanthin zurückzuführen sein, verabreicht von Stalins Kommando des NKWD. Unstrittig, dass deutsche Faschisten in KZs damit mordeten. Und auch 1975 brachte ein Pfleger sieben Patienten mit dem Herzglycosid um.

Mordmotive wären denkbar, die Akte beinhaltet keinen Bericht von Ermittlungen in dieser Richtung. Hatte Dr. Gotthilf Weißhaupt Feinde? Wollte ein anderer seine Stelle besetzen? Gab es private Gründe? Liebe? Geld? Sollte nur eine der Patientinnen sterben? War Ernst Teubner wirklich schuldig? Er wusste es selbst nicht. Anderes ist heute nicht mehr beweisbar.

FRIDOLIN! DIE FRAUEN STREIKEN

Noch heute berichten Leipziger über die Panik in den Fünf-
zigerjahren: Fridolin ist unterwegs. Tatsächlich hatte die
Polizei um Mithilfe gebeten, um einen Nachschlüsseldieb
endlich identifizieren zu können. Fast täglich ging er in
der ganzen Stadt auf Streifzug und klaute scheinbar ohne
Sinn und Verstand alles von Wellensittich bis Reisewecker.
Bis zu zehn Wohnungen besuchte er in einer Nacht. Oft
schliefen die Mieter nebenan. Aber der Dieb zerriss auch
die Kleidung von Damen und stellte ihnen nach. Nun wur-
de von Delitzsch bis Borna Frauen anonym mit dem Tode
gedroht. „Komme morgen, Fridolin!" Die Panik war be-
rechtigt. Sie währte drei Monate.

■ Die Frau lag auf den Tod. Die Familie war ums Bett ver-
sammelt, als sich die Alte von ihrem Lager erhob und am
Fenster das Rollo nach unten fallen ließ. „Nicht, dass der Fridolin einsteigt!", meinte sie, legte sich nieder und verstarb.
Solch Anekdoten werden erzählt. Fridolin, den Frauen-
schreck, hat das Gedächtnis der Stadt bewahrt: „Eine Panik
war das gewesen … Der wohnte am Floßplatz … Schlüpfer
hat der von der Leine geklaut und hat sie zerketscht … Unsere Mütter haben uns zu Hause behalten, nicht weg durf-
ten wir … Eingestiegen ist der in Wohnungen und hat die
Frauen missbraucht … Gestreikt haben die, bis der Unhold
gefasst war …" In den Fünfzigern ist das gewesen.
Am 20. Oktober 1954 wurde die Panik offiziell und öffentlich. „Gefährlicher Verbrecher wird gesucht" meldete

die LVZ: „Ein krankhaft veranlagter, doch gefährlicher Verbrecher beunruhigt seit einiger Zeit die Bevölkerung von Leipzig und Taucha. Er verschafft sich durch Nachschlüssel Tag und Nacht Zutritt zu Wohnungen und durchwühlt Schränke und Behältnisse, wobei Damenkleidung und Damenunterwäsche von ihm beschädigt und beschmutzt werden. In der Wohnung Schlafende schließt er in den Zimmern ein und entblößt sich vor Frauen und Kindern. Auch wurden Sittlichkeitsverbrechern an Kindern von ihm begangen. Geld, Schmuck, Uhren und einzelne Bekleidungsstücke sowie Zigaretten nimmt er mit. Unterstützt die Volkspolizei beim Ergreifen dieses Verbrechers. Der wie folgt beschrieben wird: Etwa 25 Jahre alt, etwa 1,70 m groß, dunkelblondes, nach hinten gekämmtes, leicht welliges Haar, stechender Blick, breites Gesicht, eingefallene Wangen, spricht hochdeutsch. Den Händen nach zu urteilen verrichtet er keine schwere Arbeit. Auf einem von ihm hinterlassenen Zettel nannte er sich ‚Fridolin‘, in einem anderen Fall gab er an, ‚Sowalla‘ oder so ähnlich zu heißen. Die Bekleidung wechselt er ständig. Er trägt entweder einen hellen Trenchcoat oder dunkelbraunen Mantel, dunklen Anzug und Schuhe mit Kreppsohlen, bis Ende September trug er eine dunkelblaue Baskenmütze. Wer kennt diese Person? In welchen Lokalen verkehrt er? Wo versucht der Täter, Diebesgut zu verkaufen. Für den Hinweis, der zum Erfolg führt, wird eine Belohnung zugesichert."

Der erste Hinweis auf einen Serientäter erfolgte am 12. September 1954. „Gegen 23.15 wurde ein Diebstahl in Leipzig C1, Scherlstraße 14 gemeldet. Hier drang ein unbekannter Täter in die im zweiten Stockwerk gelegene Wohnung mittels Nachschlüssel ein. Die Inhaberin befand sich gemeinsam mit ihrer Tochter während der Tatzeit in Leipzig

U5, Ungerstr. (Lokal ‚Gambrinus'). Der Täter setzte sich bei dem schlafenden Kind (neun Jahre) auf die Bettkante und entblößte sein Geschlechtsteil. Das Kind fragte den Täter nach der Mutter und erhielt zur Antwort, daß sich diese in der Küche aufhalten solle. Da es den Worten keinen Glauben schenkte, stand es auf und ging nach der Küche, um sich selbst zu überzeugen. Es machte die Feststellung, daß seine Mutter nicht am angeführten Ort anwesend war. Der Täter, der ihm gefolgt war, fing an vor seinen Augen im Korridor der Wohnung zu onanieren. Daraufhin verließ das Kind die Wohnung, ging nach dem dritten Stockwerk des Wohngrundstückes und rief dabei um Hilfe. Ehe diese Hilferufe durch Personen gehört werden konnten, verließ der Täter fluchtartig das Haus. Später wurde durch die Mutter des Kindes (Geschädigte) festgestellt, daß ihr zwei Kleider fehlten."

Das blieb in jener Nacht nicht die einzige Straftat. Denn „kurze Zeit später, die genaue Zeit konnte nicht ermittelt werden, ist Leipzig C 1, Kurzestr. 4 im Erdgeschoß ein Nachschlüssel-Diebstahl verübt worden, wo der Täter auf das Bett onanierte (Spermaflecken festgestellt) und verschiedene Frauenkleidungsstücke, die sich im Schrank befunden haben, zerriß. Unter diesen befand sich eines der fehlenden Kleider des vorher angeführten Diebstahles. Unter Mitnahme eines Reiseweckers Marke ‚Friedlicher Kinzel' verließ der Täter später die Wohnung.

Nachträglich wurde bekannt, daß am gleichen Tage in der Zeit von 15 bis 18 Uhr in Leipzig C 1, Thomasiusstr. 17, im ersten Stock ebenfalls ein Nachschlüssel-Diebstahl verübt wurde, wo der Täter die schlafende Geschädigte im Wohnzimmer ihrer Wohnung einschloß. Er benutzte dazu den Schlüssel, der von außen im Schloß steckte. Durch diese Handlungsweise gelang es dem Täter, in aller Ruhe sämtliche Zimmer und Behältnisse zu durchsuchen. Unter Mitnahme von 183,00 M Bargeld und einer Kette mit Anhänger verließ er in unbekannter Richtung wieder den Tatort."

In der Bekämpfung des nunmehr bekannten Schwerpunktes wurden nachfolgende Vorfälle bekannt, die sich vor allem auf die Südvorstadt konzentrieren. Stichpunkte aus der Akte:

„25.09.1954, gegen 3 Uhr, drang er in die Erdgeschoßwohnung Floßplatz 28 ein. Die Wohnungsinhaberin wurde durch die Geräusche munter und, da sie annahm, daß es sich bei dem Eindringling um ihren Sohn Heinz handeln würde, rief sie diesen an. Der Täter setzte sich auf den Rand des Bettes, in dem diese lag, und sagte zu ihr, daß er ‚Swobolla' oder so ähnlich wäre. Nachdem er dazu aufgefordert worden war, dann ging er. In derselben Nacht wurde auch ein Diebstahl aus dem Haus Hohe Straße 58 angezeigt.

26.09.1954, 4.15 Uhr, Nachschlüsseldiebstahl, Niederkirchnerstraße 6, Erdgeschoß, in Anwesenheit des Wohnungsinhabers. Gleiche Nacht ein Stockwerk höher, der Ehemann im Schlafzimmer dachte, seine Gattin würde rumoren und schlief weiter. Entwendet wurden eine Schachtel *Turf* und Streichhölzer. Gleiche Nacht, Dufourstraße 38, erster Stock, wurde der Dieb entdeckt, als er kein Licht machte, sich aber mit Streichhölzern in der Wohnung orientierte. Gleiche Nacht, Arndtstraße 11, Erdgeschoß, dem Täter fielen 150,00 DM Bargeld in die Hände.

27.09.1954, Alfred-Kästner-Straße 72, Erdgeschoß, er schaltete die Wohnungsbeleuchtung ein, der Wohnungsinhaber wurde munter, der Täter stand am Fußende des Bettes, Verlust: 100,00 DM Bargeld.

28.09.1954, Konradstraße 1, Erdgeschoß, er wirbelte das Fenster auf, da die Wohnung mit einem Sicherheits-

schloß versehen war. ‚Im Nebenzimmer, wo der Täter ein-
stieg, schlief die Tochter des Wohnungsinhabers. Durch
die Geräusche geweckt, trat die Tochter im Schlafzimmer
dem Täter gegenüber. Dieser kam ihr im langsamen Schritt
entgegen. Um die drohende Gefahr von sich abzuwenden,
faßte die Tochter des Wohnungsinhabers den Täter an beiden Unterarmen und versetzte ihm einen Stoß, so daß er
rücklings auf das Bett fiel. Um Hilfe herbeizuholen, lief die
Tochter im Nachthemd aus der Wohnung. In der Zwischenzeit verließ der Täter durch das zertrümmerte Fenster die
Wohnung.‘ Vorher hatte er 37,00 DM aus Handtasche in der
Küche erbeutet und Frauenbekleidungsstücke entwendet.
Die hatte er zerrissen und in der gleichen Nacht in der Ma-
riannenstr. 54 durch ein eingeschlagenes Fenster geworfen.

    30.09.1954, 1.30 Uhr, die Tochter des Wohnungsin-
habers wurde munter, als der Unbekannte sie an die Brust
faßte. Es kam zum Handgemenge, davor hatte der Täter
die Eltern im Schlafzimmer eingeschlossen. 2.40 Uhr in der
gleichen Nacht zerriss der Täter in der Idastraße 6 in einer
Wohnung alle Frauenkleidungsstücke und onanierte in den
Büstenhalter. Hier hinterließ Zettel: ‚Hier in diesen Büstenhalter habe ich für dich reingewichst – Fridolin.‘

    02.10.1954, Paul-Gruner-Straße 5, 22 Uhr überraschte
er Frau Schneidtke auf dem Abort.

    03.10.1954, 0.15 Uhr, Tschaikowskistraße 27, Erdge-
schoß, er stahl 20 DM und eine Monatskarte der Straßenbahn sowie eine Reinigungsquittung. Danach Fregestra-
ße 5, er entwendete einen braunen Kunstledermantel und
eine *Homespun*-Jacke, die Kleiderbügel legte er im Hausflur
ab, die Ausweise klemmte er hinter das Fallrohr der Dach-
rinne Friedrich-Ebert-Straße 114 (Haltestelle 18), dabei
waren auch Monatskarte und Reinigungsquittung.

04. 10. 1954, 0.30 Uhr, Grassistraße 23, Erdgeschoß, mehrmals drückte er das Licht ein und aus, der Hauptschalter wurde vom Wohnungsinhaber ausgeschaltet, als es dunkel war verschwand der Täter. ‚Als er sich in Richtung Paul-Gruner-Str. entfernte, brannte er sich eine Zigarette an. Es wurde nichts vom Täter mitgenommen. Lediglich hatte er die Tischdecke im Korridor zu einem Büstenhalter geformt und darauf einen Schlüssel gelegt, der nicht zur Wohnung gehörte, also vom Täter mitgebracht worden sein muß.'

07. 10. 1954, zwischen 14.15 und 15.50 Uhr, Richard-Lipinsky-Straße 6, der Wohnungsinhaber bemerkte Fußspuren auf dem Boden. Im Bad stand eine Glasschüssel mit Wurst, in die der Täter hineinuriniert hatte. Neben dieser Schüssel stand ein Butterteller, in den der Täter blaue Stoffreste, die zerkaut waren, hineingespieen hatte. Das dazugehörige Kleid und eine Büchse aufgegessenen Fisch fand sich daneben. Zutritt hatte er sich mit einem Nachschlüssel verschafft.

10. 10. 1954, Zeit nicht eingrenzbar, Taucha, Poststraße 7, Erdgeschoß links, Wohnungsinhaber bei Verlobten in Böhlitz/Ehrenberg: alle Behältnisse offen, ein frischgebügelter Anzug wurde entwendet, desgleichen ein Damenring mit Granatstein und eine Schachtel *Turf*. Silberbesteck und Kristall wurden dagegen nicht angerührt. Aufs Bett hatte er uriniert. In der gleichen Nacht fand man in der Ferdinand-Lasalle-Straße 31, Erdgeschoß links, das Bett zerwühlt und zerrissene Damen-Kleidungsstücke."

Fast täglich nimmt die Polizei Anzeigen entgegen. Das Muster lässt auf einen Täter schließen. Zumindest die zerrissene Damenwäsche und die über 2000 genommenen Fingerabdruckspuren. Er klaut scheinbar wahllos, so entwendet er in einer Wohnung Reisewecker, Wellensittich, Heizkissen und eine Damengeldbörse. Ein andermal das

Parteidokument der SED oder das „Abzeichen für gutes Wissen". Der professionelle Handel mit den gestohlenen Gegenständen scheint kaum möglich. „Das Motiv ist in erster Linie auf sexuellem Gebiet zu suchen. Erst in zweiter Linie dürfte er sich als Nachschlüsseldieb betätigen."

Doch die Auswertung der Spuren zeitigt noch ein anderes, erschreckendes Ergebnis. Fridolin ist auch der Täter, der „am 17.09.1954 gegen 1.30 Uhr in eine Wohnung in Leipzig C 1, Friedrich-Ebert-Str. 64, viertes Stockwerk eindrang und dort ein in der Wohnung anwesendes 9jähriges Mädchen vergewaltigte. Unter Mitnahme von zwei Herrenhüten, die er sich, als er die Wohnung verließ, alle beide übereinander aufsetzte, hat er mit unbekanntem Ziel die Wohnung verlassen. Dieser Vorgang wurde bisher durch die MUK gesondert bearbeitet und wird nunmehr durch die gebildete Einsatzgruppe weiter bearbeitet." Fridolin hat seine Unschuld verloren.

Die VP bittet die Bevölkerung um Mithilfe und löst mit der Annonce noch größere Panik aus. Denn im Einzugsgebiet der *Leipziger Volkszeitung*, von Borna bis Delitzsch, Oschatz, Torgau, Kohren-Salis, tauchen daraufhin unzählige anonyme Schreiben auf, die Frauen frankiert und unfrankiert in ihren Briefkästen finden. Sie gleichen sich: „Komme morgen!" – „Warte, bis ich dich erwische!" – „Du bist dran!" – „Den nächsten Tag erlebst du nicht!" – Die Schreiben tragen stets dieselbe Unterschrift: F. oder Fridolin. Auch politisch tut er Meinung kund, die den Staatsorganen sehr missfällt. Fridolin – der Name wird Phantom und Feind. Bis zum 10. Dezember 1954.

„Gegen 20.15 teilte der Professor Heuer, Leipzig C 1 Stephanstr. 12/II tel. mit, daß soeben seine Hausangestellte Frl. Elisabeth Schmidt auf der Straße vor dem Grundstück

Stephanstr. 8 überfallen und am Halse gewürgt worden ist. Da zur Zeit der Dauerdienst wegen einer versuchten Festnahme nicht ausrücken konnte, wurde der OP.-Stab gebeten, den Funkwagen zwecks Fahndung nach der Person einzusetzen. Als Personenbeschreibung lagen vor: Ein Mann ohne Kopfbedeckung mit hellem Mantel, Alter ca. 30–40 Jahre.

Die Hausangestellte Schmidt wurde gebeten, vor dem Grundstück das Eintreffen des Funkwagens zu erwarten. Gegen 20.30 führte dann der Funkwagen NEF 42 den Klempner Döpfner, Alwin, geb. am 01.03.1927 in Ullersricht, Kreis Weiden, wohnhaft Leipzig, Floßplatz 29 bei Mohlen, dem Dauerdienst zu ... Im Dauerdienst wurden als Zeugen die Frauen Schmidt, Heuer und Klingbeil mit dem Funkwagen zur Dienststelle gebeten. Hier wurde im Raum 2 eine Gegenüberstellung mit den zugeführten Döpfner und zwei Gen. des Dauerdienstes durchgeführt. Die Frau Klingbeil erkannte in zwei Fällen (mit und ohne Mantel) Döpfner als denjenigen wieder, den sie in der See- burg- und Stephanstr. gesehen hatte. Die beiden anderen erkannten bei der Gegenüberstellung im Mantel ebenfalls den Döpfner wieder, während sie ohne Mantel dies nicht konnten. Die Zeugen wurden nunmehr zur Sache ge- hört, während der Döpfner nach einer Leibesvisitation im Raum 3 untergebracht wurde."

Der Verhaftete ist Fridolin. Schrift und Fingerabdrücke stimmen überein. Alwin Döpfner, ergeben die Daten, ist im Januar 1954 aus Westdeutschland Leipzig zugezogen. Geboren ist er in Weiden, wo seine Eltern und Geschwis- ter noch wohnen. Er arbeitet als Karosserieklempner im Kfz-Großinstandsetzungswerk Leipzig C 1, Johannisplatz. Alwin Döpfner gesteht.

„Am 4. oder 5. Januar bin ich von zu Hause weggegangen, um mir in der DDR Arbeit zu suchen. Ich löste mir zu Hause eine Fahrkarte nach Westberlin, da ich keine ordnungsgemäßen Interzonenpapiere besaß. Ich fuhr mit dem Interzonenzug über Probstzella. In der Nacht vom 4. zum 5. Januar muß ich die Zonengrenze bei Probstzella passiert haben. Ich fuhr direkt mit dem Zug durch bis Leipzig. Leipzig war mir als Stadt unbekannt. Ich meldete mich bei der Trapo Leipzig und wurde zum VPKA zur Anmeldung verwiesen." Döpfner hatte bei seiner Ausreise zwei Koffer und Gepäck, darin vier Anzüge, bei sich. Er wohnte zunächst Kochstraße 26, Erdgeschoß links, und bekam Überbrückungsgeld. Acht bis zehn Tage später vermittelte ihm das Amt eine Stelle als Kfz-Klempner im Opelhaus für 320 DM netto. Wegen eines Mädchens hatte er Differenzen mit seiner Wirtin und zog danach zu Frau Mohlen am Floßplatz 29. Auch diese Wirtin war gegen Mädchenbesuch. „Da unterließ ich es dann." Überhaupt hat Döpfner außer den Kollegen keine Freunde. Nach Tanzveranstaltungen hat er ab und zu bei Mädchen übernachtet. „Eine feste Verbindung zu einem Mädchen habe ich aber nicht." In der FDJ ist er seit Mai 1954. Von Mitte November bis 3. Dezember war er auf Jugendbezirksschule in Mutzschen. Er ist Mitglied des FDGB, nicht in Behandlung und nicht krank.

„Ich gebe zu, verschiedene Straftaten begangen zu haben. Ich bin auch bereit, alle Straftaten zu nennen, die ich begangen habe. Mein sehnlichster Wunsch war, einen Radioapparat zu besitzen, und aus diesem Grunde habe ich mir im Sommer dieses Jahres einen gestohlen. Es war zur Tageszeit. Ich ging spazieren, es war an einem Sonntag, die Straße kann ich nicht genau angeben, und ich sah eine Wohnung im Erdgeschoß, wo das Fenster auf war. Ich stieg ein, weil ich neugierig war zu sehen, was drinnen ist. Ich ging von einem Raum in den anderen und sah ein Radio darin stehen. Dieses Radiogerät nahm ich mit."

Danach bog sich Alwin Döpfner Schlüssel aus Draht und versuchte damit, fremde Wohnungen zu öffnen. Er brachte es zu großer Handfertigkeit, wie seine Einbruchserie beweist. „Ich habe die ersten Diebstähle begangen, weil ich Sachen brauchte. Später beging ich solche Straftaten, wenn ich ausgegangen war und beim Tanzen oder aus anderen Gründen Pech mit Frauen hatte, mich darüber ärgerte und aus Wut diese Straftaten beging ... Es war am Tage vor der Wahl, der 16. Oktober 1954. Es war abends, ich kam von der Roten Schule, wo ich eine Sitzung als Wahlhelfer hatte, und war allein auf dem Heimwege. Ganz willkürlich bin ich in ein Haus in der Kantstraße gegangen ... Ich gebe zu, daß ich Kleider zerrissen habe ... ich habe die Damenunterwäsche kaputtgebissen. Die Stücken, die ich herausgebissen hatte, habe ich dann ausgespuckt. Ich habe in der Kantstraße nicht onaniert. Ich habe auch kein steifes Glied dabei gehabt, als ich die Wäsche zerbiss und zerkaute. Ich bin zu diesem Gedanken gekommen, weil ich festgestellt hatte, daß die Mädchen in der Großstadt anders sind als zu Hause. Es liegt daran, daß 90 % der Frauen, die ich hier in der Großstadt kennengelernt hatte, schlecht waren. Es waren ganz große Huren. Die anderen 10 %, die übrigblieben, die findet man sehr selten. Ich wollte mir ein Mädchen suchen, und nun suchte ich immer. Ich wollte ein Mädchen finden, das man heiraten konnte, ich habe doch nur Mädchen hier kennengelernt, die sagten mir ins Gesicht, daß sie die Abwechslung lieben."

Seinen ersten sexuellen Kontakt hatte Alwin Döpfner mit 13 Jahren. Er machte es sich schwer mit den Frauen.

Die eine Freundin ist an Tbc verstorben. Die nächste war vom Vater ungelitten. In Leipzig hatte Alwin „ein ehrliches Mädchen bei der FDJ kennengelernt, aber die Verbindung hielt nur 14 Tage, dann beendete sie das Verhältnis wegen Krankheit. Wir sind im Guten auseinander. Aus diesen Gründen habe ich Frauen gehaßt, und ich kam auf darauf, alles zu zerstören, was einer Frau an Bekleidung gehört."

Beim Zerstören ist Alwin Döpfner nicht geblieben. „Ich gebe zu, am 17.09.1954, gegen 1.30 Uhr, das größte Verbrechen meines Lebens begangen zu haben. Ich weiß nicht, wie die Straße hieß, es war in der Nähe des Waldplatzes. Ich weiß nicht mehr, ob das Haus offen war. Ich bin ganz nach oben hinaufgegangen. Ich habe unten bei der ersten Tür angefangen, da konnte ich nicht hinein, da passte der Schlüssel nicht, und deshalb ging ich immer höher. Oben im obersten Stockwerk habe ich dann mit dem gefundenen Haken eine Tür geöffnet. Ich kam in einen langen Korridor. Ich habe in der Wohnung ein Kind gesehen, welches ich auf ca. 10–12 Jahre schätzte. Das Mädchen erkannte mich nicht, weil es finster war. Das Mädchen hat von irgendeinem Burschen erzählt. Ich weiß nicht, ob es ein Freund war oder der Bruder. Ich habe sie sehr wahrscheinlich gefragt, wie es heißt. Das Mädchen schien den Eindruck gehabt zu haben, als ob ich ihr Bruder oder ihr Vater wäre, und hat mich umarmt. Ich hatte mich zu ihm auf den Bettrand gesetzt. Das Mädchen hatte mich auch abgeküßt, und dann fragte es mich, wer ich bin. Da konnte ich ihr keine richtige Auskunft geben, und sie ist dann aufgestanden. Sie ging nach dem Korridor, wo sie Licht anmachte. Sie sah, daß ich ein Fremder war. Sie fragte mich, wie ich herein gekommen bin. Ich sagte ihr ‚durch die Tür‘, und sie fragte mich, ob ich einen Schlüssel hätte, und ich sagte ‚ja‘. Das Mädel ging dann zur Tür. Entweder sie wollte raus oder abschließen. Daraufhin habe ich die Tür von innen abgeschlossen. Ich habe dann das Mädel hochgehoben und ins Bett getragen. Dabei wurde das Mädel laut, und sie hat gerufen. Auf das, was sie rief, kann ich mich nicht mehr erinnern. Ich habe sie nicht mehr weiter rufen lassen. Ich habe ihr erst den Mund mit der Hand zugehalten, währenddem ich sie zum Bett trug. Dann habe ich dem Mädel an den Hals gefaßt. Ich wollte sie damit am Schreien hindern. Ich weiß nicht mehr, ob ich beide Hände nahm und sie würgte. Als ich das Mädel so würgte, stand ich neben ihr vor dem Bett. Dann habe ich mich restlos vergessen. Soweit ich mich erinnern kann, ließ ich los, aber sie wollte immer noch rufen. Daraufhin habe ich sie wieder am Hals gefaßt, um sie erneut am Schreien zu hindern. Dann habe ich das Kind vergewaltigt.

Ich selbst behielt meine Kleidung an, auch meinen Mantel. Meines Wissens hat das Mädel eine Hose angehabt, die ich zerriß. Ich habe die Hose aufgerissen, weiß aber nicht, an welcher Stelle. Ich riß die Hose auf, um den GV mit dem Kinde ausüben zu können. Ich bin zu dem Mädel ins Bett gestiegen und versuchte, den GV auszuführen. Mein Glied war steif geworden, und ich kam nicht in die Scheide des Kindes hinein. Aus diesem Grunde habe ich das Mädel an den Bettrand vorgezogen, so daß sie mit den Füßen heraushing. Das Mädel lag auf dem Rücken. In dieser Stellung bin ich mit meinem Glied in die Scheide hineingekommen. Ich hatte den Eindruck, daß das Kind während des Geschlechtsaktes ohne Bewußtsein war, da es nicht mehr gerufen hatte, obwohl ich es am Hals losgelassen habe. Es kam bei mir zum Samenerguß, den ich in die Scheide hineinlaufen ließ. Der Geschlechtsakt selbst hat nach meiner Schätzung ca. 5 Minuten gedauert. Dann habe ich das Kind ins Bett gelegt und zugedeckt. Anschließend kam das Kind wieder zu sich, und ich fragte das Kind, ob es mich gern hätte. Das Kind sagte aber, ich sollte ihm die Luft nicht mehr absperren … Ich wollte das Kind nicht töten. Anschließend habe ich zu dem Mädel gesagt, daß sie zu niemandem davon sprechen soll."

Danach hat Alwin Döpfner die Wohnung mit dazugehörigen Schlüsseln verschlossen, das gestohlene Parteidokument in der Öffentlichkeit weggeschmissen, die ebenfalls entwendeten Hüte hat er in einem Hausflur auf einem Kinderwagen abgelegt. Die Angaben entsprechen der Wahrheit. Döpfner will sich erinnern.

Die Zeitung meldet den erfolgreichen Abschluss der Ermittlungen in Fall „Fridolin". „Durch die Volkspolizei wurde in Zusammenarbeit mit der Bevölkerung am 10. Dezember … eine männliche Person festgenommen. Es handelt sich hierbei um den Klempner Döpfner, Alwin … Auf Grund vorliegenden Beweismaterials wurde Döpfner überführt, der gesuchte Nachschlüsseldieb und Sittlichkeitsverbrecher zu sein, auf den die Volkpolizei durch Pressenotiz vom 20. Oktober hinwies. Eine große Anzahl von Diebesgut konnte den geschädigten Personen zurückgegeben werden. Er wird den zuständigen Justizorganen übergeben und seine gerechte Strafe erhalten."

Doch die Person des Alwin Döpfner hat noch andere Facetten. „Am heutigen Tage wurde mit dem ehemaligen Parteisekretär der Arbeitsstelle des Beschuldigten Rücksprache genommen. Er gab dabei an, daß er persönlich den Vater des Beschuldigten durch dessen Besuche bei uns in der DDR kennt. Er schildert den Vater als fortschrittlichen aktiven Genossen der KPD. Da der Beschuldigte selbst gleichermaßen wie sein Vater die Veranlagungen zeigte, ein klassenbewußter Mensch zu werden, hat er ihm jegliche

Unterstützung in dieser Hinsicht angedeihen lassen. Er bestätigte, daß der Beschuldigte in seinem gezeigten Verhalten erkennen ließ, daß er die politische Situation richtig einschätzen konnte. Döpfner hat wesentlich dazu beigetragen, daß verschiedene schwankende Elemente im Betrieb in fortschrittlicher Hinsicht beeinflußt werden konnten. Der Genosse hatte auch Kenntnis davon, daß über den Beschuldigten in der Presse seiner Heimatstadt sinngemäß stand, ein Arbeitsloser, dem von westlichen Behörden keinerlei Unterstützung zugebilligt wurde, verließ Westdeutschland und suchte die DDR auf, wo er Arbeit, Wohnraum und Gelegenheit erhielt, ein anständiges und auskömmliches Leben zu beginnen." Im Selbststudium eignete sich Alwin Döpfner die Werke des Marxismus-Leninismus an. Er war zu Deutschlandtreffen delegiert. „Wenn er für die Aufnahme in die SED kandidiert hätte, hätten die Genossen seiner Aufnahme zugestimmt. Wir wollten übergehen, ihm Facharbeiterlohn zu zahlen."

Verschwiegen hatte Alwin Döpfner, dass er bereits wegen Exhibitionismus und Diebstahl eines Schifferklaviers vorbestraft gewesen ist. 1948 stand er in Weiden wegen Beraubung eines amerikanischen Soldaten vor Gericht, zur Anklage ist es jedoch nicht gekommen. Aber Alwin Döpfner hatte fünf Monate Haft wegen Diebstahls eines Autoreifens erhalten. Und am 12. April 1950 meldet *Der Neue Tag* in Weiden: „Nachschlüssel-Diebe gefasst. Umfangreiches Einbruchsregister jugendlicher Gauner: „Immer wieder konnte man im Polizeibericht der Monate Januar bis März Einbruchsdiebstähle im Stadtbezirk Weiden melden, die hauptsächlich in den Nachmittagsstunden verübt wurden, und bei denen die Täter meistens Nachschlüssel verwendeten. Dabei wurden durchweg Wertgegenstände gestohlen, zumeist Schmuckstücke. Der Verdacht der Kriminalpolizei richtete sich sehr bald gegen zwei junge Burschen aus Weiden. Am 15. März wurden dann die beiden, Alwin Döpfner und Niklas Franz, festgenommen und ins Landgerichtsgefängnis eingeliefert. Im Laufe der Ermittlungen gelang es der Kriminalpolizei, ihnen eine ganze Reihe von Diebstählen in Weiden als auch in anderen Orten (wie Hof oder Marktredwitz) nachzuweisen ... Einige aus den Einbrüchen stammende Gegenstände konnten den Geschädigten bereits wieder ausgehändigt werden. Einen Teil des Schmuckes jedoch hatten die jugendlichen Gauner unbrauchbar gemacht und bruchstückweise in Regensburger Juweliergeschäften abgesetzt." Beide Täter waren wegen Eigentumsdelikten bereits vorbestraft. „Döpfner betätigte sich zuerst als Alleingänger. Am Pfarrplatz brach er in die Wohnung eines Kutschers ein und entwendete eine Uhr und einen kleinen Geldbetrag. Dann suchte er sich einen Komplicen, den er in Gestalt des Franz am Bahnhof kennenlernte. Zu zweit ging die Sache entschieden besser. Relativ gut gekleidet, klopften sie in den Nachmittagsstunden die Wohnungstüren ab. Während der eine Schmiere stand, läutete der andere. Falls jemand öffnete, fragte man harmlos nach irgendeiner Adresse. Rührte sich aber nichts, so wußte man, daß niemand zu Hause war und daß man freie Bahn hatte. Das Aufsperren der Türen war für Fachleute wie die beiden Angeklagten eine Kleinigkeit. Ein von Döpfner gefertigter Dietrich war das ‚Sesam öffne dich'." Alwin Döpfner wird als Rückfalltäter vom Weidener Gericht zu zweieinhalb Jahren Haft verurteilt. Aus der war er am 19.09.1953 entlassen worden.

In der DDR hat Döpfner seine Vorstrafen nicht verschwiegen. Nur wurde seine Bewerbung bei der LVZ als

Schriftsetzer aus diesem Grunde abschlägig beschieden. Weitere Ablehnungen folgten. „Da habe er beschlossen, die Vorstrafen bewußt zu verschweigen." Sofort erhielt er eine Anstellung im Opelhaus, Johannisplatz.

Genossen sind der Meinung, dass Döpfner mehr als nur die nachgewiesenen Straftaten begangen hat. „Daß der Beschuldigte auch eine Wirkung mit seinen Handlungen, die Terrorisierung der Bevölkerung erreicht hat, geht weiterhin aus der Tatsache hervor, daß weibliche Betriebsangehörige in verschiedenen Firmen (VEB Mitteldeutsche Kammgarnspinnerei, VEB Baumwollspinnerei, VEB Leipziger Wollkämmerei, LVZ) es ablehnten, weiterhin, solange der Beschuldigte auf freiem Fuß ist, Nachtschicht zu leisten. Zeitungsausträgerinnen weigerten sich, ihrer Arbeit nachzugehen, da sie in der Angst lebten, von diesem ‚Fridolin‘ bei ihrer Tätigkeit auf der Straße überfallen zu werden. Daß der Terror gegen die Bevölkerung sich nicht durch das Handeln des Beschuldigten zeigte, geht daraus hervor, daß unserer Republik feindlich gesinnte Elemente die Bevölkerung mit seiner Unterschrift (‚Fridolin‘) bedrohten und in Angst und Schrecken zu versetzen versuchten ...

Die politische Wirkung des Handelns durch den Beschuldigten ist weiterhin daraus zu erkennen, daß am 03.01.1955 ein Gerhard Weißbrodt aus Westdeutschland bei der U.-Abteilung vorsprach und erklärte, daß dieser Fall Döpfner aus Leipzig zum Zwecke der Kriegshetze durch die Adenauer-Behörden ausgenutzt wird. So hat der Bayerische Rundfunk unter anderem verbreitet, daß jeder anständige Jugendliche in Westdeutschland auch nicht durch die Übersiedlung in die DDR der Rekrutierung entzieht, sondern daß dies nur solche Verbrecher täten wie Döpfner, denn andere Personen würden nicht in das Gebiet der DDR übersiedeln. Ähnlich argumentierte die Partei der CDU im Geburtsort Döpfner." Die Wehrpflicht war in der BRD Gesetz geworden. Vielleicht wollte sich Alwin Döpfner mit seiner Übersiedlung auch seiner Einberufung zum Militär entziehen. Der Fall „Fridolin" ist längst politisch.

„Das gesellschaftsgefährliche Handeln des Döpfner ist aus dem Geschilderten klar zu erkennen. Aber auch in Bezug auf die aufgegriffenen Objekte ist das gesellschaftsgefährliche, besonders beim Notzuchtverbrechen gegen das neunjährige Mädchen zu erkennen. Dieses Kind wurde in einer Form mißhandelt, daß man ohne weiteres davon sprechen kann, daß ihr seelisches Gleichgewicht auf Jahre, wenn nicht für immer gestört ist. Daß er sich durch ein Notzuchtsverbrechen an einem Kind vergriff, zeigt, daß der Beschuldigte selbst jede Hemmung verloren hat und nur noch ein Ziel kannte, sich geschlechtlich zu befriedigen, selbst durch ein solches vorliegendes Verbrechen.

Kinder sind nicht nur das Glück einer jeden Familie, sondern gerade unserer Staat ist an einer guten Erziehung und einem gesunden Aufwachsen unserer Kinder interessiert. Hier aber wurde ein neunjähriges Mädel durch den Beschuldigten schwer geschädigt und einer Situation ausgesetzt, die sie in ihrem Denken bis ans Lebensende beeinflussen muß. In diesem Fall kommt das tierische und brutale Handeln des Beschuldigten besonders stark zum Ausdruck.

Den Beschuldigten wurden insgesamt 24 teils einfache, teils schwere Diebstähle nachgewiesen. Der Gesamtwert des vom Beschuldigten gestohlenen Gutes beträgt ca. 6 500 DM. Damit ist das persönliche Eigentum unserer Bürger in einer Vielzahl in erheblichem Maße beschädigt worden. Durch die Vielzahl des Handelns des Beschuldigten mußte insbesondere bei den Betroffenen der Eindruck der Unsicherheit für das Gebiet des Stadt- und Landkreises Leipzig erweckt werden, zumal der Beschuldigte bei seinen Einbruchsdiebstählen in einer geradezu frechen Art vorging, indem er in Wohnungen einbrach oder mittels Nachschlüssel eindrang, wo die Betroffenen anwesend waren, teilweise im Bett lagen und vom Beschuldigten in der Schlafstube oder einem anderen Zimmer, in dem sie sich gerade aufhielten, eingeschlossen wurden, und er anschließend ohne Hemmungen das ihm genehme Gut, zum Teil größere Geldbeträge, stahl.

So hat der Beschuldigte eine weit über die einzelnen Delikte hinausgehende Gesellschaftsgefährung hervorgerufen, und man muß erkennen, daß er sich auf der einen Seite großsprecherisch als gesellschaftlich positiver Mensch kennzeichnen wollte, und auf der anderen Seite vorliegende Straftaten beging, so daß geschlußfolgert werden muß, daß er ihre allseitigen Folgen abschätzen konnte."

Alwin Döpfner wird verurteilt. „Unsere Republik ist keine Ausweichstation für verbrecherische Elemente", titelt der Prozessbericht und hebt damit vor allem die gesellschaftspolitische Dimension von Fridolins Handeln hervor. „Ein junger Mann stand vor den Schranken des Gerichts, der vor einem reichlichem Jahr aus Westdeutschland in unsere Republik kam, dem unser Arbeiter-und-Bauern-Staat in großzügiger Weise Gastrecht gewährte und der ihm, dem ehemals arbeitslosen Klempner, Arbeit gab … Was der 28-jährige zwischen Juli und Oktober an Schandtaten vollbracht hat, würde genügen, um ein Buch darüber zu schreiben. Er mißbrauchte die großzügige Haltung unserer Regierung, die dem westdeutschen Jugendlichen Asyl und friedliche Arbeitet bietet, auf das schmählichste … Er scheute sich nicht, am Tag der Republik einen Einbruch in der Erich-Lipinski-Straße auszuführen. Am Tage tarnte er sich in seinem Betrieb mit der Maske eines jungen fort-schrittlichen Menschen. Kein Mensch ahnte, dass er der-jenige war, der am 30. September bei einem Einbruch in der Idastraße einen Zettel mit der Unterschrift ‚Fridolin' hinterlassen hatte. Die damit erzeugte Unruhe wurde von den Feinden unserer Republik künstlich weitergeschürt, in Leipzig und Umgebung tauchten in der Folgezeit Hunderte von Zetteln mit dieser Unterschrift auf, in denen den Ein-wohnern mit allen möglichen Repressalien gedroht wurde. Die unsinnigsten Gerüchte wurden verbreitet … In seinem Plädoyer wies der Oberste Staatsanwalt des Bezirkes Leip-zig auf die ungeheuerliche Tragweite der Verbrechen des Döpfner hin, die in der jetzigen politischen Situation beson-dere Bedeutung erlangen. Unsere Regierung reicht nicht den unsauberen Elementen die Hand, denen der Boden im Westen unserer Heimat infolge bereits begangener Strafta-ten zu heiß geworden ist, sondern nur denen, die sich in ehrlicher Arbeit ein friedliches Leben aufbauen wollen.

Unsere demokratische Gesetzlichkeit urteilt hart aber gerecht, wenn das Eigentum und die Gesundheit der Bürger durch gewissenlose Subjekte gefährdet sind. Der Staatsan-walt beantragte für Döpfner eine Gesamtstrafe von 15 Jah-ren Zuchthaus." Der Antrag wurde vom Richter am 2. De-zember 1955 bestätigt. Die bürgerlichen Rechte wurden dem Verurteilten auf die Dauer von fünf Jahren aberkannt.

September bis Dezember 1954 trieb „Fridolin" sein Un-wesen in der Stadt. Drei Monate – Stoff für Legenden.

EIN STEIN, EIN SCHUH,
EIN STRUMPF, EIN KIND

3. Juni 1961: Am späten Abend meldet der Vater seinen Sohn als vermisst. Rüdiger ist acht Jahre und zur Badezeit nicht nach Hause gekommen. Das ist noch niemals passiert. Beim Spielen am Nachmittag haben andere Kinder einen Schuh und Strümpfe gefunden. An einem Stein klebte Blut. Sie wollen der Volkspolizei davon berichten, aber das Revier hat geschlossen. Noch in derselben Nacht bei Wind und Regen ist fast ganz Wiederitzsch auf den Beinen, um den verschwundenen Rüdiger Hölzig zu suchen. Ohne Ergebnis. Erst eine Woche danach findet man das Kind im Schutt. Tot. Mit 42 Messerstichen abgestochen. Die Fahndung nach dem Täter lässt keine Spuren außer Acht. Vergeblich.

◼ Es ist Juni, es ist Samstag, und die Schule ist aus. Wochenende. Die Kinder von Wiederitzsch genießen Sonne und Freizeit. Auch der 14-jährige Heinz Wollner ist unterwegs mit den Kumpels. „Gegen 17.45 begaben wir uns alle in Richtung ‚Affeninsel', so nennen wir einen kleinen Berg, der sich in der Nähe des Kornfeldes befindet. Dort ist schon ein kleiner Trampelpfad, denn er wird von vielen Arbeitern des Holzveredelungswerkes (HVW) benutzt. Als wir den Pfad entlanggingen, sah ich und die anderen Jungens auf dem Erdboden einen Blutfleck in Größe 30 x 30 cm. Das Blut war noch frisch und noch nicht angetrocknet. Daneben lag ein großer Stein, etwas größer wie der Blutfleck.

An dem Stein erkannte ich den Abdruck von vier menschlichen Fingern. Der Stein selbst war ebenfalls mit Blut verschmiert. Ich konnte deutlich die Fingerabdrücke im Blut auf dem Stein erkennen. Die anderen Jungens haben es ebenfalls gesehen. Wir liefen den Pfad weiter in Richtung HVW und fanden an einem Strohhalm und auf dem Erdboden wiederum Blutflecken. Es waren einzelne Blutspritzer, die ungefähr 8–10 mtr. von dem Stein entfernt waren. Wir standen erstmal und wußten nicht, was wir machen sollten. Wir begaben uns ca. 2 mtr. zurück, wo ebenfalls ein kleiner Pfad in das Kornfeld führte. Dort war ein kleiner freier niedergetretener Platz im Felde, wo sich ebenfalls Blutflecken befanden. Der Hartmut Brenner hatte plötzlich einen Schuh in der Hand. Wir hatten keine Ahnung, wem der Schuh gehören könnte. Es war ein brauner Kinderhalbschuh, an dessen Sohle ebenfalls Blutflecken waren. Wir nahmen diesen Schuh, steckten ihn auf einen Stock und begaben uns sofort in die Gemeinde, um die VP zu verständigen. In der Gemeinde trafen wir aber niemanden an und gingen zur Sparkasse, dort trafen wir aber auch niemanden. Uns wurde aber durch einen Mann gesagt, daß wir zu dem ABV Hermann gehen sollten, der war aber selbst nicht zu Hause ..." Wochenende. Den Polizeiposten im Leipziger Vorort Wiederitzsch hatten die Staatsorgane kaum ein halbes Jahr vordem geschlossen: Keine Notwendigkeit.

Bei Familie Hölzig ist dieser Samstagnachmittag, der 3. Juni 1961, nicht außergewöhnlich. Die vier Söhne sind in Kindergarten und Schule. Der achtjährige Rüdiger besucht die Klasse 2 b der POS. Sonnabend war bis Mittag Unterricht. Danach begann die freie Zeit. Die vier Jungen Hölzig spielen im Ort und der Umgegend. 17 Uhr sollten sie daheim sein, denn Samstagsabend wurde gebadet. Jede

Woche, das wissen die Brüder Torsten und Rüdiger, Manfred und Jens. Extra dafür wird literweise Wasser auf dem Ofen gekocht. Extra dafür wird die Wanne in die Küche gestellt. Einer nach dem anderen darf dann für Minuten im Badewasser weichen. Das ist wöchentlich ein Vergnügen. Die Wanne wartet zu Hause, die Großmutter und die große Schwester Juliane. Klaus Wolski, deren Verlobter, hat das Holz zum Heizen des Ofens bereits aus dem Keller geholt.

Mutter Irene Hölzig ist nicht zu Hause, sie muss sich einer Operation unterziehen, liegt im Schkeuditzer Krankenhaus. Krebs. Ihr Gesundheitszustand ist instabil. Vater Erich besucht sie an jenem Nachmittag mit seiner Mutter, der Erfurter Großmutter. Die ist gekommen, um den Jüngsten, Jens, mit nach Erfurt zu nehmen. Das entlastet die Familie. Bei den Arbeiten im Haushalt hilft in diesen Tagen die Wiederitzscher Großmutter, Elsa Gablenz, auch Julianes Verlobter Klaus. Auch ohne die Mutter soll Alltag herrschen.

Die vier Jungen spielen den Samstagnachmittag lang. Dann ist es 17 Uhr, doch Rüdiger, der Zweitälteste, kommt nicht nach Hause. Das ist noch nie passiert, der Achtjährige ist zuverlässig. Klaus Wolski hat ihn gegen 15 Uhr zum letzten Mal gesehen „Rüdiger war mal oben und hat in der Wohnung etwas gegessen und hat dann den Ascheeimer mitgenommen und schaffte ihn runter in die Aschegrube. Beim Verlassen der Wohnung sagte Rüdiger noch, daß er den Eimer nicht sofort wieder hochbringt, sondern erst dann, wenn er zum Baden hochkäme." Seitdem hat ihn von der Familie niemand mehr gesehen. Alle machen sich Sorgen, denn dieses Wegbleiben ist Rüdigers sonstigem Verhalten nicht ähnlich. Brüder, Schwester, Klaus Wolski befragen Spielkameraden und Nachbarn. Sie suchen im Ort, in den Straßen, auf den Feldern. Beim Kirschenklauen hat man

Rüdiger erwischt, beim Ballspielen gesehen. Klaus Wolski fährt zum Spielplatz, einmal, zweimal. „Bevor wir aber wieder weggefahren waren, haben wir die Volkspolizei telefonisch vom Sachverhalt in Kenntnis gesetzt … Zu dieser Zeit hatte der Regen schon begonnen." Rüdiger bleibt verschwunden. Es schüttet. Es ist eine Stunde vor Mitternacht. „Dann sind wir wieder zur Wache gefahren … und sprachen ab, was zu tun sei. Herr Hölzig und Herr Temmel fuhren zum VPKA Leipzig."

Dort vermerkt man: „Am 03. 06. 1961 gegen 23.20 Uhr erschien beim KND (Kriminalnotdienst) der Vater des vermißten Kindes Hölzig, Wolfgang, geb. 29. 12. 1929 in Weißenfels, wohnhaft in Wiederitzsch, Straße der DSF (Wiederitzscher Straße) Nr. 40, und gab an, daß sein Sohn seit dem Nachmittag aus dem Elternhaus abgängig ist. Es handelt sich hier um das Kind Hölzig, Rüdiger, geb 19. 12. 1952 in Leipzig, wohnhaft ebd.

Beschreibung: ca. 1,10–1,15 m groß, kräftige Gestalt, volles Gesicht, hellblondes Haar. Trägt rotkariertes Hemd, kurze blaue Hose, grüne Kniestrümpfe, braune Halbschuhe. Hölzig, Rüdiger wurde 03. 06. 1961 gegen 17 Uhr auf dem Sportstadion in Wiederitzsch gesehen. Der Vater des Kindes wurde für Montag, den 05. 06. 1961, zur Vermißtenstelle Zi. 351 bestellt. Rundspruch wurde abgesetzt."

„Am Sonntag gegen 9.30 Uhr wurde die Suche erneut aufgenommen", sagt Klaus Wolski weiter aus. „Wir fuhren als erstes nochmals in den Garten und suchten den wieder ab … Durch den Volker Bohl erfuhren wir dann, daß Rüdiger mit ihm auf dem Sportplatze war, und er mit ihm bis zur Georg-Schumann-, Ecke Karl-Marx-Straße gegangen ist. Dort haben sie sich getrennt, und jeder sei seiner Wege gegangen. Dies soll am Sonnabend gegen 17.15 Uhr gewesen sein." Von dort sind es zum Wohnhaus der Hölzigs keine hundert Meter. Ein Feld liegt dazwischen, durch das Pfade getreten sind. Die Einheimischen nutzen die Wege, um abzukürzen. „Durch meine Braut wurde ich gebeten, mit zum Kornfeld zu kommen. Ich ging mit, und meine Braut sagte, ich solle mal das Getreide durchsuchen. Sie blieb haußen, und ich ging rein. Ich bin alle Gänge abgelaufen und auch quer durch das Getreide gelaufen …"

Alles hätten sie unternommen, sagt der Vater, „unter anderem auch die in der Nähe wohnhaften Pioniere in Bewegung gesetzt. Heute vormittag wurde ihm von dem Pionier Gebhardt mitgeteilt, daß der Pionier Brenner an einem Getreidefeld einen hellbraunen Lederhalbschuh gefunden habe. Der Hölzig begab sich deshalb zu dem Brenner und nahm einen Halbschuh in Empfang, den er als seinem vermißten Sohn gehörig erkannte. Daraufhin wurde der Fundort aufgesucht, der sich etwa 100 m von der Seehausener Str. entfernt liegt und ein großes Getreidefeld ist. Dort wurde an der von den Pionieren bezeichneten Stelle ein Blutfleck von etwa 8 cm Durchmesser sowie eine Einstichöffnung in den Erdboden festgestellt. Weiterhin ging von dem besagten Fundort aus eine Art Schleifspur in das Getreidefeld, als wenn jemand dort entlanggezogen worden sei. Die Spur wurde jedoch nicht weiter verfolgt, da der Kindesvater ein Verbrechen vermutete. Einige Pioniere sowie ein Jugendlicher wurden beauftragt, keine weiteren Personen an die besagte Stelle zu lassen … Von diesem Zeitpunkt an übernahm die Volkspolizei die weitere Suchaktion."

Noch möchte keiner an das Schlimmste denken. Freunde, Nachbarn und Einwohner helfen, suchen mit und weiter und fühlen mit Vater Hölzig und dessen Familie. Man kennt einander. Wiederitzsch ist nicht groß. Die Polizei arbeitet nach festgelegtem Ablaufplan. Routine allerdings lässt dieser Fall auch bei den Ermittlern nicht zu.

„Durch den Op-Stab wird bekannt: Einsatzkräfte des Schnellkommandos sowie FStW (Funkstreifenwagen) und Fährtenhunde am Einsatzort eingetroffen. Gelände (Getreidefeld und Gartenanlagen) werden abgekämmt ... Sämtliche Krankenhäuser der Stadt – sowie des Landkreises wurden abgefragt, ob der H. oder evtl. ein unbekannter Junge eingeliefert wurde. Ergebnis verlief negativ ... Auf Anforderung des Op-Stabes wurde die MUK zum Einsatzort beordert. Der Diensthabende teilt mit, daß auf Anweisung des Chefs der BdVP der K-Leiter und der BdVP Major d. VP Himmelreich zum Einsatzort fuhr. Bislang verliefen alle durchgeführten Maßnahmen ohne Erfolg ... Der Diensthabende des Revier West wurde angewiesen, ein Zimmer sehr stark zu heizen, um dort nach Beendigung des Einsatzes alle Gen. des Skdo. unterzubringen. Ein FStW wird die entsprechenden Decken nach dort mitbringen ... Kaffee wird ebenfalls durch das Revier West bereitgestellt." Man richtet sich auf eine längere Suche ein.

Dann „an einer erhöhten Stelle inmitten des Kornfeldes, wo sich ein Holzschuppen befindet, wurde in unmittelbarer Nähe ein mittlerer Feldstein im Gras gefunden, der erhebliche Blutspuren aufzeigt. Im Gras selbst sind auch noch gute Blutspurenträger sichtbar, die gesichert werden konnten. Am Abend zuvor sollen nach den Ausführungen des Zeugen Brenner eine größere Blutlache sich dort befunden haben, die durchaus durch den Regen über Nacht verwaschen worden ist." *Die Spuren schrecken.*

Sonntag „gegen 14.45 Uhr erschien die MUK der BDVP. Gegen 16 Uhr erschien der K-Leiter der BDVP Gen. Oberstltn. Himmelreich in Wiederitzsch. Von diesem wurde angewiesen, die VP-Bereitschaft mit zwei Zügen einschließlich des Schnellkommandos durch ein genaues Durchkämmen des Getreidefeldes einzusetzen. Der Einsatz derselben erfolgte gegen 17.35 Uhr bei strömenden Gewitterregen. Hierbei wurde ein weiterer Schuh des vermißten Kindes im Korn gefunden, zuzüglich ein grüner Strumpf, der vollkommen durchnäßt war. Die Suchaktion mit den angeführten Kräften wurde dann gegen 19.30 Uhr in Wiederitzsch beendet." Nach „Prüfung der vorliegenden Unterlagen wird am 04.06.1961 ein Ermittlungsverfahren gemäß StPo eingeleitet zur Klärung eines Sachverhaltes".

Am Montag erscheint Erich Hölzig, der Vater des Vermißten, bei MUK und wird gebeten, die Familienverhältnisse und den Verlauf des Samstags zu schildern: „Ich bin seit dem 02.06.1951 mit der Irene, geborene Gablenz, verw. Liebscher verheiratet. Der Ehemann, also der erste Ehemann, meiner Frau ist im zweiten Weltkrieg gefallen. Aus unserer Ehe sind insgesamt vier Kinder hervorgegangen. Aus erster Ehe meiner Frau stammt noch die Juliane Liebscher, geb. 09.02.1942. Alle diese benannten Kinder wohnen in meinem Haushalt. Weiterhin befindet sich in meinem Haushalt noch der Verlobte meiner Stieftochter, Klaus Wolski.

Meine Ehefrau befindet sich zur Zeit im Krankenhaus Schkeuditz b. Lpg., wo sie wegen einer Operation in stationärer Behandlung seit 09.05.1961 einliegt. Seit sich meine Frau im Krankenhaus befindet, habe ich meine Schwiegermutter, die Elsa Gablenz, mit in der Wohnung, meine Schwiegermutter wohnt sonst in der Karl-Marx-Str. und ist nur für die Zeit des Krankenhausaufenthaltes meiner Frau bei mir wohnhaft …

Die Entwicklung meines Sohnes ist ganz normal verlaufen, und ich hatte weder in geistiger noch in anderer

Hinsicht mit ihm irgendwelche Schwierigkeiten. Rüdiger besucht zur Zeit die Polytechn. Oberschule in Wiederitzsch und ist in der Klasse 2 b bei dem Klassenleiter Frau Gabriel. Auch seitens der Schule sind mir über den Jungen keinerlei Schwierigkeiten bekannt. Soweit ich überblicken kann, kommt er mit den schulischen Leistungen nach und beherrscht auch den gebotenen Stoff. Die Lieblingsbeschäftigung meines Sohnes kenne ich nicht. Er befaßt sich mit allerlei Dingen entsprechend seines Alters. Besonders ist ihm anzurechnen, daß er sehr hilfsbereit ist. Dies kommt nicht nur im Verwandten- und Bekanntenkreis zum Ausdruck, sondern auch gegenüber fremden Personen. Es ist mehrmals vorgekommen, daß er alten Leuten, besonders Frauen, die Einkaufstaschen nach Hause getragen hat. Dies aber nur zwischenzeitlich, so daß er pünktlich zu Hause war. Ich will also dazu sagen, daß er nie dadurch zu spät nach Hause gekommen ist oder gar gelogen habe, daß er jemanden geholfen habe, und nur dadurch sein Zuspätkommen entschuldigen wollte." Weiter könne er über die Vorgeschichte seines Sohnes nichts sagen. Rüdiger – ein Kind, weder zu diszipliniert noch zu aufmüpfig, wie es der Vater schildert. War es zu vertrauensvoll?

Der Vater versucht, sich an den Tagesablauf zu erinnern. Nichts Ungewöhnliches war ihm aufgefallen. Nur dass sein Junge nicht in der Wohnung weilte, als er nach Hause kam, das „war mir aus zwei Gründen unverständlich. Erstens, weil Rüdiger wußte, daß die Erfurter Oma kommt, und alle Kinder die Erfurter Oma sehr gern haben, und zweitens, weil er wußte, daß er abends mit seiner Wiederitzscher Oma zusammenschlafen durfte, deren Liebling er ist, und er bereits gesagt hatte: ‚Komm aber nicht erst um 9 oder ½ 10 ins Bett!'"

Vater und Familie rekonstruieren Rüdigers letzte Wege. Er hatte mit Freunden versucht, in fremden Gärten Kirschen zu klauen. Die Jungen waren erwischt worden und sind davongerannt. Die Brüder spielten mit anderen. „Rüdiger ist mit dem Naumann, dem Bohl und einem Martini zum Spielplatz gelaufen, wo andere Jungen bolzten." Volker Bohl war es auch, der Rüdiger zum letzten Mal an der Karl-Marx-Straße sah. Sie befragen den Bohl. Der hatte sich um Rüdiger, als sie sich verabschiedet hatten, nicht weiter gekümmert und war Eis essen gegangen, so der 14-Jährige zum Vater. Sie suchten weiter im ganzen Ort, trotz Regen, trotz Nacht. „Mitgenommen hatten wir eine Handlampe der Feuerwehr, um im dunklen nochmals die uns bekannten Stellen abzusuchen, da wir einen Unfall vermuteten. Es konnte ja sein, daß das Kind irgendwo eingeschlafen war. Wir waren an dem berüchtigten Kirschgarten, der Verlobte meiner Tochter stieg über den Zaun. Er hat mit der Handlampe den ganzen Garten abgesucht und auch an die dort befindlichen zwei Lauben stark geklopft und gerufen. Anschließend sind wir in das Gelände unserer AWG, wo der letzte bisher begonnene Bauabschnitt aus dem Keller heraus ist, und haben mit der Handlampe sämtliche Kelleräume nachgesehen. Dann sind wir wieder an die Betriebswache des Holzveredelungswerkes gefahren. Von hier aus haben im Regen meine Tochter und deren Verlobter die Suche fortgesetzt und sind nach ihren Angaben noch an dem Bahnbogen gewesen. Auf Grund des starken Regens haben sie ihre Suche dann abgebrochen, weil sie sich nicht mehr in das kleine Wäldchen zwischen Krankenhaus und Bahnlinie getrauten." Die Suche hatte keinen Erfolg. Rüdiger Hölzig wird nicht gefunden. Nicht lebendig und nicht tot. Vater, Großmutter, Geschwister, ganz Wie-

deritzsch hat Hoffnung. Regen fällt. „Wie die Sintflut", erinnern sich Zeugen.

Die Polizei sucht Zeugen. Der 14-jährige Bernhard
Gutschlich war unter den Fußballspielern auf dem Sportplatz. Er schildert den Nachmittag so: Als Rüdiger Hölzig
kam, setzte er „sich in unmittelbare Nähe auf die Wiese und
sah uns beim Fußballspielen zu. Kurze Zeit später machten
wir ein anderes Spiel, ‚Kanone', und Hölzig frug den Volker
Bohl, ob er mitspielen könnte. Wir waren aber alle der Ansicht, daß der Hölzig für dieses Spiel noch zu klein war. Der
Bohl nahm aber den Hölzig als sogenannte Deckung vor seinen Körper und schützte sich somit vor dem Ball. Der Hölzig wurde auch mehrere Male von einem Ball getroffen, was
ihm aber nichts ausmachte, sondern er lachte noch darüber.
Auf einmal flog dem Hölzig plötzlich der Schuh weg, und
alle anderen spielten mit dem Schuh Fußball und haben ihn
umhergeworfen. Ich habe nicht gesehen, daß jemand den
Schuh von Hölzig diesem ausgezogen hat. Kurze Zeit später
sah ich, wie der andere Schuh von Hölzig umhergeworfen
wurde, ich konnte nicht feststellen, ob er durch jemand Hölzig vom Fuß gezogen wurde. Ich sah bloß, wie der Volker
Bohl beide Schuhe von Hölzig nahm und sie über den Zaun
warf. Geheult hat Hölzig darüber nicht, sondern wollte sie
sogar selbst zurückholen." Kinderspiele. Harmlos? Einer
der Mitspieler schildert es so: „Wir spielten ‚Kanone', den
Ball mit den Beinen abwehren. Zuerst waren wir bloß vier
Mann zum Spielen, dann kamen aber immer noch welche
dazu. Der Letzte muß der Rüdiger Hölzig gewesen sein. Der
Bohl, Volker hatte den Rüdiger Hölzig vor sich hingesetzt,
damit dieser für ihn die Bälle mit den Füßen abwehrt. Der
Rüdiger wollte aber nicht mehr. Aus Spaß zog der Volker
ihm die Schuhe aus und warf diese fort. Einer flog in den

Garten und der andere davor. Der Rüdiger lief dann noch in Strümpfen herum und wollte sich seine Schuhe nicht selber holen. Er sagte zum Volker Bohl: ‚So, die holst du wieder!‘ Geholt hat sie dann aber der Dieter Schmidt. Warum der sie geholt hat, kann ich nicht sagen. Rüdiger Hölzig zog dann wieder seine Schuhe an. Volker Bohl wollte dann mit dem Fahrrad nach Hause fahren, und da kam der Rüdiger und fragte, ob der Volker ihn mitnimmt ...“

Ein Samstagnachmittag wie jeder andere. Mütter beim Hausputz und im Garten. Väter beim Waschen der teuren Automobile. Kinder an der frischen Luft bei Verstecken, Fußball, Schwarzer Mann, „Kanone“. Was sollten sie auch zu Hause sitzen. Die Jungen klauten in den Gärten, die am Sportplatz spielten Ball. Im Streit seien sie nicht auseinandergegangen. Und was heißt Streit? Nicht immer sind alle mit den Regeln der Großen einverstanden, das ist nun mal so. Aber Rüdiger Hölzig sei nicht ärgerlich oder wütend gewesen, als man mit seinen Schuhen warf. Das bestätigen alle, die „Kanone“ spielten. Nein, Rüdiger habe gelacht. Bleibt Volker Bohl, nach den bisherigen Ermittlungen hat er mit Rüdiger als Letzter gesprochen. Er wollte ihn auf seinem Fahrrad mit ein Stück des Weges nehmen. Er ist der Letzte, der Rüdiger sah.

Volker Bohl wird am Montag in der Schule befragt. Er besucht die Klasse 9 b II der Leibniz-EOS am Leipziger Nordplatz. „Ich wurde darauf hingewiesen, daß ich die Wahrheit zu sagen habe und bei wissentlich falschen Angaben bestraft werden kann. Im Jahre 1953 kam ich mit meinen Eltern aus Westdeutschland, aus Nierstein am Rhein in die DDR nach Leipzig. Seitdem wohne ich zusammen mit meinen Eltern und Geschwistern in Leipzig-Wiederitzsch, Karl-Marx-Str. 19.

Ich kann nicht genau sagen, seit wann ich den Rüdiger Hölzig aus Wiederitzsch kenne, seit 1957 bestimmt. Ich bin 1957 bis 1960 zusammen mit ihm in den Kinderhort in Wiederitzsch gegangen. So kam es auch vor, daß wir manchmal zusammen gespielt haben. Direkt ernsthaft gezankt habe ich mich mit ihm nicht, obwohl der Rüdiger manchmal ziemlich frech war. Er war immer sehr vorlaut und ließ sich von seinen Kameraden nicht viel sagen. Er war sehr von sich eingenommen und sehr pfiffig ... Am Sonnabend bin ich mit meinem Fahrrad nach dem Sportplatz gefahren von der BSG Aufbau Nord Leipzig, Wiederitzsch. Ich wollte dort mal mit den anderen Kindern Fußball spielen ... Als ich nun auf dem Sportplatz ankam, war der Rüdiger Hölzig auf dem Sportplatz und der Hans-Jörg Buttgereit, wohnhaft gegenüber vom Sportplatz. Es spielten nun der Hans-Jörg Buttgereit, Bernhard Gutschlich, ein Junge namens Martin, ich weiß nicht genau, ob er Voß heißt, und ich selbst Fußball. Rüdiger Hölzig und noch andere kleine Jungen sahen vom Rande des Sportplatzes aus unserem Spiel zu. Wir spielten bis gegen 16.45 Uhr Fußball, bis gegen 17 Uhr spielten wir ‚Kanone', dies ist auch ein Ballspiel. Die letzten fünfzehn Minuten arteten ein bißchen aus, und es kam zu einer Zeckerei bzw. Neckerei. Dabei kam es auch, daß wir den uns zusehenden Rüdiger Hölzig die Schuhe auszogen, welche er aber gleich wieder anzog ... Geschlagen haben wir uns auf dem Sportplatz und bei dieser Neckerei nicht. Ich habe auch zu diesem Zeitpunkt noch nicht bzw. nicht gesehen, daß Rüdiger Hölzig irgendwo blutete oder sich aufgeschrammt hatte.

Es muß kurz nach 17 Uhr gewesen sein, als mich der Rüdiger Hölzig fragte, wie spät es wäre. Ich sah nach meiner Armbanduhr und gab ihm Auskunft, daß es kurz nach fünf Uhr sei. Da sagte Hölzig, daß er um fünf Uhr zu Hause sein müßte zum Baden. Ich sagte ihm, daß er gleich mit mir fahren könne, ich wollte auch heim. Ich bot ihm an, daß er auf dem Gepäckträger meines Fahrrades Platz nehmen solle, was er auch machte. Da dies aber nicht ging, der Gepäckträger drückte aufs Hinterrad, ich habe keine Schutzbleche, mußte Rüdiger wieder absteigen. Ich fuhr nun langsam weiter und Rüdiger lief neben mir her. Vom Sportplatz aus sind wir die Sportplatzstraße, von dieser links zur Karl-Liebknecht-Straße und von dieser rechts in die Georg-Schumann-Straße. Die Georg-Schumann-Straße gingen bzw. liefen Rüdiger und ich bis zum Ende. Das heißt, Rüdiger lief neben mir, und ich fuhr mit meinem Fahrrad. Die Georg-Schumann-Straße endet bzw. mündet auf ein Getreidefeld … In verlängerter Richtung der Georg-Schumann-Straße führt dann durch dieses Getreidefeld schräg verlaufend ein Trampelpfad … An diesem Getreidefeld angekommen, bog ich mit meinem Fahrrad nach rechts ab, um nach der elterlichen Wohnung zu gelangen. Ich kann nicht sagen, wo Rüdiger in diesem Moment war, als ich nach rechts einbog … Es kann sein, daß er etwas zurückgeblieben war. Ich drehte mich auch nicht nach dem Rüdiger um, sondern fuhr unbeirrt weiter …"

Die Wiederitzscher Großmutter hat an Bohls Aussage Zweifel. „Mich wundert, daß der Rüdiger den Heimweg durch das Feld genommen haben soll. Ich weiß, daß er sonst dort hinten die Straßen entlang nach der Wohnung gegangen ist. Dieses war der Weg von allen Jungen, wenn sie auf dem Sportplatz oder dem Spielplatz waren."

Volker Bohl bleibt dabei: Er hat Rüdiger Hölzig nicht mehr gesehen. Aber er hat ja auch nicht auf ihn geachtet. Und Eis essen wäre Rüdiger bestimmt nicht mit ihm gegangen, er mußte ja heim, baden. Ganz schlüssig erscheinen den Ermittlern Volker Bohls Angaben nicht. Aß der 15-Jährige wirklich Eis? Keiner hat ihn dabei gesehen. Schaut er seinem kleinen Freund nicht nach, sagt nicht mal: „Tschüss, schönen Sonntag? Kommst du morgen raus spielen?" Für die nächste halbe Stunde hat Volker Bohl kein Alibi. Danach fuhr er mit Freunden „nach dem Flugplatz Mockau, da wollte ich mir eine neue Flugzeughalle ansehen". Der Weg dorthin führt an jenem Getreidefeld vorbei, in dem Rüdiger Hölzig zum letzten Mal gesehen wurde. „Etwas Verdächtiges ist mir an diesem nicht aufgefallen. In Richtung des Getreidefeldes habe ich kein Rufen oder sonstige Schreie oder Worte gehört, ich habe auch nicht darauf geachtet … Wo der Rüdiger nun geblieben ist, weiß ich nicht. Auf dem Sportplatz war keine Person, die sich speziell mit dem Rüdiger unterhalten hatte, auch kein Erwachsener. Rüdiger hat auch mir nichts gesagt, ob er sich nach dem Verlassen des Sportplatzes mit noch jemanden verabredet hatte, im Gegenteil, er sagte ja, er müsse heim … Wir haben uns nicht geschlagen und gezankt."

Die Polizei hat Zweifel. Sagt dieser Volker Bohl die Wahrheit? „In der Erweiterten Leibniz-Oberschule wurde vom Direktor und dem Klassenlehrer eine Einschätzung über den Bohl, Volker gegeben.

Bohl kam 1954 aus WD mit seinen Eltern in die DDR. Sein Vater, Kurt Bohl, ist vom Beruf Bäcker, seine Mutter Verkäuferin in einer Konsumverkaufsstelle. Bohl selbst wird in seiner Klasse als etwas überheblich und voreingenommen hingestellt. Der Klassenlehrer hat bis jetzt noch keinen richtigen Kontakt zu ihm finden können. Die Leistungen des Bohl sind zufriedenstellend, jedoch hat er in letzter Zeit etwas nachgelassen. Bohl ist zum Teil sehr jähzornig, vor allen Dingen, wenn er nicht machen kann, was er will. Dies bringt er auch seinen Klassenkameraden gegenüber zum Ausdruck. Organisiert ist er in der FDJ und ist für die Wandzeitung seiner Klasse verantwortlich. Diese Aufgabe erfüllt er zur vollsten Zufriedenheit seines Lehrers. Gegenüber seinen Lehrern ist er nicht offen und ehrlich. Er sieht sich unter seinen Schulkameraden gern als sogenannter Führer. Als Durchschnittsnote hat Bohl die 2 bis 3. Sein Wunsch ist es, Chemiearbeiter zu werden evtl. auf diesem Gebiet die Ingenieurlaufbahn zu beschreiten." Und weiter: „Durch die Hortleitung konnte noch in Erfahrung gebracht werden, daß der Volker Bohl auch durch den Kinderhort gegangen ist und jetzt nur noch dessen drei Geschwister im Hort sich befinden. Der Volker Bohl war ein Junge, der immer Anführer werden und spielen wollte. Er hatte auch Geschick in dieser Form, wenn sie bzw. er mit den jüngeren Kindern im Hort Volkspolizei oder Volksarmee spielten. Jetzt befinden sich noch die Zwillinge der Familie Bohl und der Hansjörg Bohl im Hort. Festgestellt wurde, daß zuletzt der Rüdiger Hölzig mit dem Hansjörg Bohl einen guten Faden gesponnen hat. Differenzen bestanden zwischen den Kindern der Familie Hölzig und der Familie Bohl nicht."

Ausschließen kann man den Verdacht gegen den älteren Schulkameraden nicht. Obwohl „die Besichtigung des Fahrrades des Bohl, mit welchem er am Sonnabend, dem 03. 06. 1961 auf dem Sportplatz war und mit dem Hölzig den Heimweg angereten hatte, keine Anhaltspunkte auf die Ausführung eines Gewaltverbrechens ergaben. Es waren an diesem keine Spuren von Blut, verbogene Teil usw. vorhanden. Im hinteren Zahnkranz hatte sich jedoch eine Ähre verklemmt, die auf ein Vorbeifahren oder Durchfahren eines Getreidefeldes schließen konnte." Nach Angaben des Bohl hatte er aber am Freitag, den 2. Juni 1961 mit seinem Fahrrad im Getreidefeld gespielt, „wo sich dabei vermutl. diese Ähre verklemmt hatte". Ja, natürlich sei er auch durchs Getreidefeld gefahren. Das liegt am Wege. Mitten im Ort. Jeder nutzt diese Trampelpfade, sie kürzen manche Wege erheblich. In genau diesem Feld hatte man Rüdigers Schuhe und Strümpfe gefunden, Blutspuren und einen Stein.

Heute ist das Gelände zwischen Seehausener und Karl-Marx-Straße, zwischen den AWG-Blocks an der ehemaligen Endhaltestelle der Linie 16 und dem Schwarzen Weg zur Bebauung ausgeschrieben. Eigenheime sind entstanden, neue Straßen, Supermärkte. Die Tram endet nicht mehr an der Straße der DSF, sie fährt vorbei am Feld und weiter zu Leipzigs *Neuer Messe*. Das Gebäude des Holzveredelungswerkes steht noch. Holz wird in ihm nicht mehr veredelt. 1961 war im Feld eine Erhebung aufgeschüttet, von da hatte man einen guten Ausblick. Auf dem Hügel baute die LPG nichts an, Einsatz der Maschinen wäre da nicht möglich gewesen. Die Kinder hatten diesen Berg als ihr Revier übernommen und nannten den Hügel „Affeninsel". Auf der Insel wuchs nur Unkraut. Und Müll warfen die Leute dort weg. Aber wenn die Kinder auf der „Affeninsel" spielten, fanden sie immer etwas, was als Gewehr, Ball oder Tomahawk dienen konnte.

Auch Rüdiger wird die „Affeninsel" gekannt haben. Sicher hat auch er dort gespielt. Aber am 3. Juni 1961 spielte er auf dem Sportplatz Fußball und „Kanone". Andere Kinder waren an jenem Nachmittag im Feld, hatten Spiel und Spaß. Und durch dieses Feld soll Rüdiger Hölzig nach Hause gelaufen sein? Volker Bohl konnte sich das vorstellen. Die Großmutter nicht. Aber wo sonst hätte Rüdiger entlanggehen können? Gefunden hat man Rüdigers Schuhe, den Strumpf, den Stein und das Blut genau da. Verdächtiges bemerkt hatte niemand, auch nicht die dort spielenden Kinder. „Wir gingen dann durch das Kornfeld, und hier sagte auf einmal einer: ‚Mensch, hier haben sie ein Kaninchen geschlachtet!' Da da viel Blut war, gingen wir der Spur nach und fanden hier auch den Schuh. Den Schuh steckten wir dann auf einen Stock und gingen auf die Polizeiwache. Da war aber keiner da."

Die Aussage der Kinder bestätigt ein Zeuge. „Nach meiner Schätzung kann es gegen 17.50 gewesen sein, als ich mich in Höhe des neuerbauten Lehrlingswohnheimes befand. Dort kamen mehrere Kinder, es waren Jungen. Sie kamen vom Lehrlingswohnheim, d. h. sie liefen am Gebäude entlang in Richtung Seehausener Straße zum Ort Wiederitzsch. Ich kann die Zahl der Kinder und auch das Alter nicht bestimmen. Es war ein etwas größerer Junge dabei, und dieser hatte einen Knüppel in der Hand, auf dem ein Schuh gesteckt war. Es handelte sich hierbei um einen Kinderschuh."

Weitere Zeugen werden gefunden. So wollen die Schülerinnen Annelene Horn und Rosalie Abt den vermissten Rüdiger am Kornfeld, „wo der Berg hinuntergeht", gesehen haben und „wie er durch das Feld auf dem zur Seehausener Str. führenden Trampelpfad weiterging". Die Abt habe noch mit dem Rüdiger gesprochen. Auch Angela Bartsch hat Rüdiger am Affenhügel getroffen, „er habe sie nach der Zeit gefragt, die sie ihm aber nicht sagen konnte, dies sei gegen 17.30 gewesen".

Mehrere sahen Rüdiger Hölzig also noch nach Volker Bohl. Zuletzt halb sechs. Zwanzig Minuten später fanden die Jungen Rüdigers Schuh. Und je länger man in Wiederitzsch nachdenkt, desto mehr Verdächtige hat man um diese Zeit gesehen. Ein Mann hat Kinder fotografiert. Ein

Unbekannter lief durchs Feld. Und im „Haus Wiederitzsch"
ist abends Tanz, mancher kommt schon Stunden früher.

Am Dienstag den 6. Juni bittet die Polizei die Leipziger
Bevölkerung über Zeitung und Plakate um Mithilfe. Darauf
ein Foto des Vermissten. Rüdiger Hölzig ist auf dem Bild
noch nicht acht Jahre alt, sechs möglicherweise. Er lächelt
und blickt vielleicht Mutter oder Vater an, die man auf dem
Foto nicht sieht. Rüdigers Haare sind kurz, blond, Scheitel
links. Ein kurzärmliges Nicki trägt er, hell-dunkel gestreift,
an Ärmeln und Hals weiß abgesetzt. Auf den Plakaten ist
dieses Foto zu sehen. In der Zeitung werden 1000 DM Belohnung ausgeschrieben. „Seit dem 03. 06. 1961 wird das
Kind Rüdiger Hölzig, 8 Jahre alt, vermißt. Die bisherigen Ermittlungen der Volkspolizei ergaben, daß Verbrechensver-
dacht besteht. Trotz umfangreicher Suchaktionen der Volkspolizei konnte das Kind bisher nicht aufgefunden werden.
Nach dem vorliegenden Untersuchungsergebnis hat sich
der Täter am Sonnabend, dem 3. Juni 1961, in der Zeit von
17–18 Uhr in Wiederitzsch, Seehausener Straße – an der
sogenannten ‚Affeninsel' – gegenüber dem VEB Holzveredelungswerke aufgehalten. Alle Personen, die am 03. 06. 1961
die Seehausener Straße zwischen 16 und 19 Uhr passiert
haben, werden gebeten, ihre Wahrnehmungen mitzuteilen."

Die Bitte wird nach fünf Tagen in der *Leipziger Volkszeitung* erneut abgedruckt. Die Polizei hat ein Stück des Hem-
denstoffes zum Vergleich: rot-blau kariert, mehrmals von
der Wiederitzscher Großmutter gestopft und ausgebessert.
Trotzdem: Anhaltspunkte ergaben sich keine. Die Ermittlungen gestalten sich schwierig. Erfolg ist allen ergriffenen
Maßnahmen nicht beschieden.

Die im Krankenhaus liegende Mutter wird zunächst
nicht befragt. „Nach Angabe des Arztes würde sich dies ge-

sundheitsverschlechternd auf den momentanen Zustand der Patientin auswirken, die erst frisch operiert ist. Sie wird in ein kleines Zimmer mit nur einer Patientin umquartiert, damit durch andere Patienten bzw. Besucher nicht die Sache bekannt wird. Die Tageszeitung vom heutigen Tage, wo die Pressenotiz veröffentlicht ist, wurde nicht auf die Sation gegeben." Eine Aussage der Mutter ist in der Akte Rüdiger Hölzigs nicht abgeheftet. Sie verstirbt kurze Zeit darauf. Vom Tod ihres Kindes hat sie nie erfahren.

Umstände des Verschwindens des achtjährigen Rüdiger, die Spuren im Feld legen den Verdacht einer Sexualstraftat nah. Die Ermittlungen lassen auch in dieser Hinsicht kein Detail außer Acht. Zum einen werden sämtliche in solcher Hinsicht jemals aufgefallene Personen überprüft. Ein Verdächtiger wird in Untersuchungshaft genommen. Den Erfolg vermeldet die Zeitung. Seine Entlassung wegen erwiesener Unschuld wird verschwiegen. Der Apparat arbeitet ohne Pause. Auch eine Beziehungsstraftat durch Angehörige wird nicht ausgeschlossen. Wer sind die Hölzigs? Wie sind ihre Verhältnisse? Es wäre laut Kriminalstatistik nicht das erste Mal, dass ein Mitglied der Familie oder ein enger Freund derselben ausgerastet ist, seinen Trieb nicht mehr unter Kontrolle halten konnte.

Der Verlobte der Schwester, Klaus Wolski, weiß: „Die Eheleute Hölzig sind beide berufstätig. Er arbeitet im VEB Holzveredelungswerk Leipzig, und seine Frau … arbeitet im Armeekrankenhaus Wiederitzsch. Das Eheverhältnis war zeitweilig gestört, und dies meist aus dem Grunde, weil es finanzielle Sorgen gegeben hat. In letzter Zeit ist jedoch das Eheleben harmonisch verlaufen. Durch meine Braut ist mir bekannt, daß Herr Hölzig noch zwei uneheliche Kinder haben soll, und dieses soll auch dazu beigetragen haben, daß das Eheleben nicht immer so verlaufen ist, als es normalerweise sein müßte. Das Verhältnis zwischen Hölzig und meiner Braut, also seiner Stieftochter, ist auch nicht besonders. Dies ist darin zu suchen, weil er nur zwölf Jahr älter ist als sie, und sie aus diesem Grunde nicht die richtige Achtung aufbringen kann. Weiterhin hat sie Kenntnis von seinen ehelichen Verfehlungen, und dies hat auch zu einer solchen Spaltung beigetragen. Zur Charakterisierung des Hölzig muß ich sagen, daß er sehr streitsüchtig ist. Sonst ist er ein verträglicher Mensch, und ich kann nicht klagen. Zu einer ernsten Auseinandersetzung ist es nicht gekommen.

Die Kinder sind seitens der Eltern gleichmäßig erzogen und betreut worden. Ich konnte nie feststellen, daß ein Kind besonders bevorzugt oder benachteiligt worden ist. Zur Oma muß ich jedoch sagen, daß sie am meisten an dem Rüdiger hängt und dies aus dem Grunde, weil sie sich bei einer gewesenen Erkrankung besonders um das Kind mühte und ihn vor einem Erstickungstode rettete. Haben die Kinder Dummheiten gemacht, so werden sie entweder ins Bett gesteckt, bekamen Stubenarrest oder auch mal Schläge. Hatten sie eine solche Strafe bekommen, so wandten sie sich meist an die Oma, und diese stellte dann den Gleichklang wieder her. Bei den Kindern konnte ich noch nicht feststellen, daß sie körperlich oder geistig minderbemittelt sind. Besonders zum Rüdiger ist zu sagen, daß er das aufgeweckteste unter den Geschwistern ist."

„Bezüglich des Rüdiger muß ich", die große Schwester Juliane, „sagen, daß er ein aufgeweckter Junge ist, und er auch teils vorlaut gewesen ist. Er war ein sogenannter ‚Besserwisser' und doch sehr anhänglich und das besonders gegenüber unserer Oma. Seine schulischen Leistungen waren gut, und er verstand es auch, anderen zurückgebliebenen Kindern etwas beizubringen. Sonst war er ein anständiger Junge. Natürlich hatte er auch die Schattenseiten eines Jungen, was besonders im Horte zum Ausdruck kam. Wenn er etwas Unrechtes getan hatte, so wurde er meist durch Stubenarrest bestraft oder mußte ins Bett. Geschlagen wurde er wenig, da man damit nichts weiter erreichen konnte. Auch aus diesen sogenannten Strafsachen machte er sich wenig."

Rüdigers Erzieherinnen schildern den Jungen anders. Bei einer der Kindergärtnerinnen seien vor allem wegen Rüdigers Verhalten Herzbeschwerden ausgelöst worden. Übereinstimmend erklärt das Kollektiv der Erzieherinnen alle der Hölzig-Kinder als überdurchschnittlich vorlaut und frech. „Mit der Leiterin des Kinderhortes und drei weiteren Hortnerinnen wurde Rücksprache genommen. Sie gaben an, daß es sich bei den beiden Jungs, dem Rüdiger und dem Torsten Hölzig um Kinder handelt, die laufend durch Frechheiten u. Dummheiten außer der Reihe tanzten und auffielen ... Übereinstimmend gab das Erziehungspersonal an, daß die beiden Kinder der Familie Hölzig grundsätzlich nicht das machten, was gesagt wurde. Sie waren in ihrer Ungezogenheit so frech, daß sie jeden konnten zur Weißglut bringen. Voran war der Rüdiger, der außer seiner Frechheit auch noch zynisch wurde und gleich der Hortnerin ins Gesicht sagte, daß sie keine Erzieherin sei, und er sie ins Zuchthaus bringen wird. Wenn der Rüdiger auf seine Frechheiten aufmerksam gemacht wurde, in sehr gütiger und ruhiger Form, da gab er glatt zur Antwort: ‚Wir ändern uns nicht!‘ Damit meinte er sich und seinen Bruder Torsten. Beide kamen unzählige Male ungewaschen in den Hort, und alle Mahnungen hatten bei ihnen keinen Erfolg. Der Rüdiger hat auch im Kinderhort einmal einer Erzieherin in den Unterarm gebissen in seiner grenzenlosen Jähzornigkeit."

Kein Mitleid von den Kindergärtnerinnen? Rüdiger Hölzig, ein Kind, wegen dem man sich solch große Sorgen nicht zu machen brauchte?

Die Ermittler haben sich umgehört. Nach zehn Tagen ist die Leumund-Ermittlung über Familie Hölzig abgeschlossen. Volkspolizisten haben sich in Nachbarschaft, an den Arbeitsstätten und bei der Parteileitung der Hölzigs erkundigt. „Der Erich Hölzig ist seit dem 02.06.1951 mit der Frau Irene, geb. Braun, geb. am 17.02.1925, verheiratet, und beide wohnen seit dieser Zeit mit kurzen Unterbrechungen in Wiederitzsch. Der Erich H. wurde am 15.07.1954 wegen moralischer Verfehlungen als Offizier von der NVA entlassen. Danach arbeitete er ca. fünf Wochen als Hilfsarbeiter im Leipziger Messeamt, wechselte dann seine Arbeitsstelle und war als Arbeiter ca. vier Monate im Arzneimittelwerk Dresden beschäftigt. Seit 1955 arbeitet H. im VEB Holzveredelungswerke Wiederitzsch, wo er zunächst als Arbeiter in verschiedenen Abteilungen dieses Betriebes tätig war. 1957 legte er die Facharbeiterprüfung als Sägewerker ab. 1959 legte er die Meisterprüfung als Meister der volkseigenen Industrie ab und ist seit dieser Zeit als Meister im VEB VHW tätig gewesen. Seit dem 12.06.1961 ist St. als Produktionsleiter im VEB VHW, Werk II, in Böhlitz-Ehrenberg tätig.

Die Familienverhältnisse des H. sind nicht gut. Bereits bei Beginn seiner Tätigkeit im VEB VHW mußte sich die Parteileitung des Betriebes mit ihm auseinandersetzen, da er seiner Frau verheimlicht hatte, daß er ein uneheliches Kind von der Zeit seiner Zugehörigkeit zur NVA hat. Zu dieser Zeit stand die Familie kurz vor der Scheidung. Insgesamt hat H. zwei uneheliche Kinder, für welche er Unterhalt zahlt, wovon eines in Roßwein und eins in Dresden wohnhaft ist. Aus seiner Ehe stammen vier Kinder, und seine Frau brachte ein weiteres Kind mit in die Ehe.

In den letzten Jahren wurde über das moralische Verhalten des H. nichts Nachteiliges mehr bekannt. Trotzdem wird sein Familienleben noch als schlecht eingeschätzt, da er gegenüber seiner Ehefrau nicht ehrlich ist. So verheimlichte er z. B. 1960 seiner Ehefrau, daß er mit der Brigade eine Kulturfahrt durchführt, indem er eine Dienstreise vortäuschte. Durch den Kaderleiter des Betriebes, welcher der Ehefrau den Treffpunkt zu dieser Fahrt mitteilte, erhielt diese davon Kenntnis, und es traten wieder familiäre Schwierigkeiten ein.

Zu seinen Kindern besteht kein richtiges Vertrauensverhältnis, obwohl er sehr an diesen hängen soll, da er keine bzw. ungenügende pädagogische Fähigkeiten besitzt, und die familiären Zwistigkeiten im Beisein der Kinder geklärt werden. Durch seine Unehrlichkeit gegenüber seiner Ehefrau und seine Charaktereigenschaften kann man nicht von einem harmonischen Eheleben sprechen. Charakterlich wird der H. als herrschsüchtiger, überheblicher und nach Geltungsbedürfnis strebender Mensch bezeichnet. Er wird weiterhin als gefühllos und gegebenenfalls brutal bezeichnet. Man sagt ihm nach, ‚daß er über Leichen ginge'. Diese Charaktereigenschaften zeichnen sich in seiner gesamten beruflichen und gesellschaftlichen Tätigkeit ab.

Seine Arbeitsleistungen und seine Arbeitsdisziplin sind gut. Ein Mangel ist, daß er sich schlecht in das Kollektiv einfügt, was vorwiegend auf Überheblichkeit und Geltungsbedürfnis zurückzuführen ist, und immer bestrebt ist, unkontrolliert zu arbeiten. Seit 1960 besucht er die Abendschule, um sich zum Ingenieur der Holztechnologie zu qualifizieren. In seiner Klasse wird er allgemein als ‚mit Abstand Bester' bezeichnet. Das ist zurückzuführen auf seine gute Auffassungsgabe und gute Kenntnisse, die er aber durch seine Überheblichkeit nicht weiter vermittelt, sondern sich auch hier aus dem Kollektiv ausschließt.

In seiner gesellschaftlichen Arbeit ist er nicht beständig. Er arbeitet spontan und nur dann, wenn es nicht um seine eigenen Belange geht. Durch den Sekretär der BPO des VEB VHW wird sein Bewußtsein als sehr oberflächlich eingeschätzt, und es gab wiederholt Auseinandersetzungen mit ihm seitens der BPO, wonach seine Arbeit für einige Zeit wieder zufriedenstellend war. Im Betrieb ist er als Kampfgruppenmitglied und Reservist tätig. Seine Arbeit in der Kampfgruppe ist nicht zufriedenstellend. Er nimmt nur unregelmäßig am Dienst teil. Innerhalb der Gemeinde Wiederitzsch ist er Ratsmitglied und Sekretär des Rates der Gemeinde sowie Ortsleitungsmitglied der SED. Innerhalb der Ortsleitung wurde H. mehrmals wegen ungenügender Mitarbeit in der Ortsleitung sowie in seiner Wahlfunktion als Gemeindevertreter kritisiert. Im Ort selbst findet er in seiner gesellschaftlichen Tätigkeit schlecht Kontakt zu den Menschen und hat sich dadurch manchen Gegner geschaffen. Organisiert ist H. in der SED, FDGB, DSF und war früher in der FDJ.

Die Ehefrau des H. liegt z. Zt. auf Grund einer Unterleibsoperation im Krankenhaus. Sie ist ebenfalls berufstätig und im Lazarett der NVA in Wiederitzsch als Wirtschaftsschwester beschäftigt. Sie ist ebenfalls Mitglied der SED, leistet jedoch im Ort keine gesellschaftliche Arbeit. Charakterlich wird sie als schwer zugänglich, nervös und hysterisch bezeichnet. Sie trägt ebenfalls mit dazu bei, daß die Familienverhältnisse gespannt sind, indem sie ihren Mann hin und wieder seine Fehler vorhält. Sie selbst soll vor ihrer Ehe ein sehr leichtes Leben geführt haben, während jetzt über sie nicht Nachteiliges in moralischer Hinsicht zu sagen wäre.

Es wurde weiterhin bekannt, daß die Familie H. immer in finanziellen Schwierigkeiten lebt, und H. im Betrieb um Unterstützung ersuchte. So wurde ihm u. a. eine in der Miete billigere Wohnung durch den Betrieb vermittelt, und er zu Arbeiten eingesetzt, wo sein Verdienst ständig gestiegen ist. Er ist in seiner Wohnung gut eingerichtet und verbraucht wenig Geld für sich. Vor kurzer Zeit hatte er die Absicht, nach Gotha zu verziehen und dort als Betriebsleiter zu arbeiten, wobei er seine Arbeitsstelle nicht informierte, sondern sich direkt an die vorgesetzte Dienststelle wandte.

Der Kaderleiter und Parteisekretär des VEB VHW bringen übereinstimmend zum Ausdruck, daß sie darüber verwundert sind, daß H. nach dem Verschwinden seines Sohnes ein Verhalten zeigt und Diskussionen führt, als ginge ihn das alles nichts an. Im Betrieb wird z. Zt diskutiert, daß der H. sein Kind selbst umgebracht hätte, weshalb mit verschiedenen Kollegen durch die Parteileitung bereits Aussprachen geführt werden mußten."

Was die Genossen alles wissen. Und sie trauen offensichtlich dem unkollegialen Herrn Hölzig eine Untat an seinem Sohne zu. Vielleicht ist Rüdiger in Angst vorm Vater abgehauen. Vielleicht geschah auch Schlimmeres. Ob Erich Hölzig diese Meinung der Kollegen spürte? Hat er sie widerspruchslos hingenommen? Hat er persönlich Konsequenzen gezogen? Die Polizei geht diesem nahegelegten Verdacht nicht nach.

„Am 14. 06. 1961 gegen 10.30 Uhr wurde durch zwei Bürger der Volkspolizei mitgeteilt, daß an einem Schutthaufen neben dem Lehrlingswohnheim des HVW in der Seehausener Straße in Wiederitzsch von ihnen Aas- bzw. Verwesungsgeruch wahrgenommen wurde. Auf Grund dieser Mitteilung begab sich die MUK der BDVP Leipzig vom Stützpunkt Wiederitzsch aus nach dem o. a. Ort." Das Lehrlingswohnheim stand an der anderen Seite des Kornfeldes, in dem man Rüdiger Hölzig letztmalig sah. Der schnell hochgezogene Bau ist heute Eigenheimen gewichen. Es war ein Zweckbau, ohne architektonische Ambition. Ohne Fundament. Presspappe. Drei Stockwerke. Genau an der jetzigen Straßenbahnhaltestelle hat das Haus gestanden. Im Vorsommer 1961 war es fertiggestellt worden, die Auszubildenden hatten es noch nicht bezogen.

Der Handwerker Dietrich Mosch gibt zu Protokoll: „Heute früh habe ich mit dem Hausmeister Lebert und der Frau Berger vor dem Neubau des Lehrlingswohnheimes auf der Holzbank gesessen, und wir hatten die Blickrichtung nach der Eisenbahnlinie zu in Richtung Seehausen. Unsere Unterhaltung war noch wegen dem verschwundenen Jungen ..." Die Kollegen machten sich Gedanken. Leipzig sprach von dem verschwundenen Jungen. Unterm neuen Wohnheim wollen sie nachsehen. Vor ihnen auf der Schutthalde. „Der Hausmeister sagte plötzlich: ,Ich möchte doch einmal wissen, wie die aufgeschlitzte leere Blechtonne auf einen Haufen gekommen ist, wo nur Schutt angefahren worden ist.' Ich ging dann auf die leere aufgeklappte Blechtonne zu, die über einen Schutthaufen gelegt war. Beim Nähertreten stellte ich fest, daß dort die Mauerschuttsteine nicht hingeschüttet, sondern aneinandergelegt worden waren. Unter diesen Steinen ragen die leeren Zementsäcke hervor, die auch praktisch nichts auf dem Berg zu suchen hatten. Ich habe daraufhin die aufgeklappte Blechtonne heruntergeworfen und habe diesen Haufen abgerochen. Dazu stützte ich mich auf die Steine. Ich verspürte einen Aasgeruch und habe den Ort nicht weiter verändert."

Fundortbefundsbericht: „Eine kurze oberflächliche Besichtigung bzw. Untersuchung des Bauschuttes ergab die Bestätigung, daß dort unter Steinen, Blech und Papiersäcken verdeckt, eine Kindsleiche liegt ... Auf dem Bauschutt ist ein Blech einer aufgerissenen Teertonne sichtbar, welches tunnelartig über dem unmittelbaren Fundort der Leiche liegt. Nach Entfernen des Bleches sind eine Vielzahl von Ziegelsteinstücken, lose geschichtet, sowie ein Stück Sauerkrautplatte, ein weiteres Stück Blech und leere Papiersäcke erkennbar. Zwischen den Ziegesteinen ist die vordere Partie des rechten Fußes des Toten, mit der Sohle in nördlicher Richtung zeigend, sichtbar. Nach Wegnahme der Steine und des Bleches werden beide unbekleidete Füße und Beine des Toten sichtbar, und zwar das rechte Bein bis in Kniehöhe und das linke Bein bis in Höhe des Oberschenkels. Es ist bereits jetzt zu erkennen, daß die Leiche in Bauchlage liegt. Außer vorgenannten sichtbaren Teilen der Leiche ist diese in der gesamten übrigen Fläche mit zwei leeren Papiersäcken (alte Zementsäcke?) bedeckt. Die Leiche liegt auf Bauschutt, d.h. Ziegelsteinstücken und Putz. Beide Beine sind extrem auseinandergespreizt. Linker Ober- und Unterschenkel gestreckt. Rechter Oberschenkel bis etwa in Höhe der Bauchmitte hochgezogen. Im Kniegelenk annähernd rechtwinklig gebeugt. Beide Arme hochgeschlagen. Der Hinterkopf sowie der rechte Unterarm, Teile des linken Unterarmes sind durch ein Kleidungsstück (Hemd) verdeckt. Nach Umwenden der Leiche zeigte sich, daß die Stirn durch die bereits beschriebene Kleidung verdeckt ist ...

Die gesamte Leiche zeigt hochgradige Fäulniserscheinung, sowie Madenbefall. Der Rücken weist eine lederartig bräunlich-rötlich-gelbliche Eintrocknung auf. Im Bereich des Rückens ein etwa 8 cm breiter Eindruck, der schräg von der Hinterseite der linken Brustkorbhälfte aufsteigend über das rechte Schulterblatt bis zum rechten Arm zu beobachten ist. Das Gesicht, die rechte Halsseite, die Innenseite des rechten Armes sowie der gesamte Brustkorb hochgradig faul und mit Maden befallen. Auffällig ist im Bereich des gesamten Brustkorbes eine vielfache Durchtrennung der Haut von ovalärem Charakter (Stichverletzungen?) Rechtsseitig kurz unterhalb des Halsansatzes eine grobe Aufreißung der Haut, aus der heraus zahlreiche Maden hervorquellen. Oberhalb des rechten Nasenflügelansatzes eine annähernd ovale Hauverletzung, die sich in die Tiefe verfolgen läßt. Die vielfachen Hautdurchtrennungen im Bereich des gesamten Brustkorbes können durch Stiche mittels Messer entstanden sein. Desweiteren werden Verletzungen des Schädels festgestellt. Die genaue Beschreibung der Art und Zahl der Verletzungen (Schädel- und Stichverletzungen) erfolgt im Sektionsprotokoll, da dies am Fundort infolge der hochgradigen Fäulnis der Leiche nicht möglich war und andererseits die Durchführung der Sektion erschwert hätte."

Dieses Protokoll hält fest: „Wie die Sektion aufzeigt, erlitt das Kind Rüdiger Hölzig schwere stumpfkantige Gewalteinwirkungen auf den Hirnschädel, die zu den beschriebenen drei Einbruchsbrüchen mit Bruchausläufern in die knöcherne Schädelbasis führten. Bei dem nahezu ausgestanzt erscheinenden Lochbruch, der im Bereich des linksseitigen Anteils des Hinterhauptsbeines lokalisiert ist, wurde die harte Hirnhaut verletzt. Sie zeigt ein etwa erbsgroßes Loch, aus dem reichlich Gehirn herausquillt. Infolge weiterer Gewalteinwirkungen ist es zu den beschriebenen Defekten der Kopfschwarte gekommen. Im Bereich des Brustkorbes wurden zahlreiche (42) scharfrandige Gewalteinwirkungen festgestellt, die im Laufe der Sektion eindeutig als Stichverletzungen klassifiziert werden konnten ... Als Tatwerkzeuge können sowohl der von der Untersuchungsbehörde vorgelegte Stein als auch das Messer (Hirschfänger) in Frage kommen, wobei allerdings ähnlich wirkende Werkzeuge von vornherein nicht auszuschließen sind."

Nach dem Abschluss der gerichtsmedizinischen Untersuchungen wird Rüdiger Hölzigs Leiche zur Bestattung freigegeben. Am 20. Juni wird Rüdiger Hölzig auf dem Wiederitzscher Friedhof begraben. „Auf diesem Friedhof war zu verzeichnen, daß schon einige – Schaulustige – zugegen waren. Unterzeichneter begab sich unter diesen Personenkreis und entnahm den dort geführten Gesprächen folgendes: Alle Anwesenden waren sehr empört über dieses Verbrechen, sie waren alle der Meinung, daß der Täter ebenfalls getötet werden müßte."

Zwei Jahre ermittelt die MUK intensiv. Ohne Ergebnis. Am 14. März 1963 legt ein Verantwortlicher seine Überlegungen nieder. Er hat einen konkreten Verdacht und glaubt, dass nicht allen Spuren intensiv nachgegangen worden ist: „Folgende Umstände sprechen für die Tatsache, daß der Schüler der Leibniz-Oberschule in Leipzig, Klasse 9 b II, Volker Bohl, geb. am 21. 07. 1945, wohnhaft bei den Eltern in Leipzig-Wiederitzsch, Karl-Marx-Straße 19 Erdg., in den Kreis der Verdächtigen einzubeziehen ist." Achtzehn Gründe nennt der Ermittler. Verdächtig unter anderem, dass der Schüler aus der BRD mit seinen Eltern in den Sozialismus zog. Volker Bohl steht im Zentrum erneuter Ermittlungen.

Ausbilder stellen ihm ein gutes Leumundszeugnis aus. „Volker Bohl ist ein anständiger und ehrlicher Lehrling. Seine Leistungen im praktischen Teil der Ausbildung sind gut, zum Teil auch sehr gut. Er liefert eine gute Qualität bei sehr wenig Ausschuß." Der Grundton ist positiv, vielleicht vom Rechercheur so nicht erwartet. Abschließend urteilen die Ermittler zum Verdacht gegen den Jugendlichen: „Bei den von uns mit speziellen Mitteln geführten Untersuchungen zur Mordsache Wiederitzsch vom 03. 06. 1961 konnten keine Beweise für eine Täterschaft des Bohl erbracht werden." Endgültig wird er von der Liste der Verdächtigen gestrichen.

Es war eine der letzten Spuren, den Mörder Rüdiger Hölzigs, acht Jahre, zu finden. Auch sie führte nicht zum Mörder. Im September 1963 fasst der Leiter der Mordkommission alle bisherigen Ermittlungsergebnisse zusammen: „Im Verlaufe der Ermittlungen zur Aufklärung des Tötungsverbrechens wurden folgende Maßnahmen durchgeführt:

• Überprüfung der Alibis sämtlicher Familienangehöriger und Verwandten
• Überprüfung der Gruppe Jugendlicher und Kinder, die am Tattag mit dem Opfer zusammen waren
• Überprüfung der Gartenbesitzer, die an der einen Seite des Kornfeldes Gärten haben
• Überprüfung von mehreren Personen, die am 03. 06. 1961 nachmittags in AWG-Bauten, Nähe Tatort arbeiteten.
• Überprüfung von Beschäftigten des Holzveredelungswerkes, die vorbestraft sind
• Alibiüberprüfungen einschlägig Vorbestrafter aus Wiederitzsch (Sittlichkeits- und Gewaltverbrechen)
• Alibiüberprüfungen alle nach dem 03. 06. 1961 anfallenden Sittlichkeits- und Gewaltverbrecher im Bezirk Leipzig

■ 148

- Überprüfung der Haftentlassenen
- Überprüfung der Rückkehrer, Rowdys, Homosexueller aus Wiederitzsch
- Überprüfung der zur Tatzeit in Wiederitzsch weilenden Ortsfremden
- Überprüfung der Lehrlingswohnheime, Jugendheime, Leipzig, Jugendwerkhöfe im Bezirk
- Überprüfung und Ermittlungen in Gaststätten der Ortschaft Wiederitzsch, bei der LVB, O-Bus, Taxi, Bahnhöfen zur Feststellung von Verdächtigen
- Überprüfung der Nervenheilanstalten des Bezirkes und Kreises Leipzig nach abgängigen und zur Tatzeit beurlaubten geisteskranken Personen
- Überprüfung einschlägig Vorbestrafter in allen Kreisen des Bezirkes Leipzig sowie Anliegerbezirken
Feststellung der R-Flüchtigen
- Vergleichsarbeit anhand von KP 14
- Überprüfung und Bearbeitung von insgesamt 66 Hinweisen
- Überprüfung einiger Personen, die besonders verdächtig erscheinen
- Überprüfung des Bohl, Volker, der zuletzt mit dem Opfer zusammen war
- intensive Überprüfung des Bürgers Bäßler, Willy, der am Tatort Grabeland besitzt und jähzornig geschildert wird. B. hat ein Enkel, welches geisteskrank ist und von Kindern geneckt wird. B. wird dann gewalttätig.
- Überprüfung des Jacob, Jürgen (Täter für Sexualmord im Zug Pirna-Dresden), Alibi vorhanden
- Bearbeitung von Hinweisen aus Kreisen der Bevölkerung und VP-Dienststellen anderer Kreise und Bezirke, die zu späteren Zeitpunkt gegeben wurden

- durch die OP-Gruppe wurden bestimmte Personen, ohne Erfolg, aufgeklärt

Alle bisher geführten Ermittlungen nach dem unbekannten Täter sind erfolglos verlaufen.

Es wurde zur Durchführung weiterer Vergleichsarbeit mit anderen Bezirken, wo sich ähnliche Delikte an Kindern ereigneten, eine Liste von den Personen angefertigt, deren Alibi nicht umfassend und gründlich erbracht werden konnte, sowie eine weitere Liste mit den Personenbeschreibungen unbekannter Verdächtiger.

Obwohl bis zum jetzigen Zeitpunkt die Ermittlungen weitergeführt wurden (mit geringen Unterbrechungen bei Neuanfall von Tötungsdelikten), konnte eine Aufklärung dieses Verbrechens nicht erreicht werden.

Zur Zeit sind keine weiteren Anhaltspunkte vorhanden, die für die Aufklärung des Mordes geeignet erscheinen und die Ermittlungen als erschöpft anzusehen."

Doch sind mit diesem Bericht die Ermittlungen nicht abgeschlossen. Der ungelöste Fall erfordert immer wieder den Einsatz berenteter VP-Offiziere, er lässt den Ermittlern keine Ruhe, auch 20 Jahre nach der Tat. Kriminalisten suchen in den Protokollen nach neuen Ansatzpunkten, Widersprüchen, bislang übersehenen Hinweisen. Sie finden keine.

In Wiederitzsch spricht man noch lange über den grausamen Tod Rüdiger Hölzigs. Noch heute erinnern sich Bewohner.

War es die Tat eines Perversen? Eindeutige Spuren eines Sexualdeliktes fehlen. Der Achtjährige Opfer eines grausamen Spiels? Hat er mit seinem Verhalten Kameraden herausgefordert? Keiner der Zeugen hat Schreie gehört. Und vorstellbar ist eine Rache anderer Kinder auf diese Art nicht. Wurde Rüdiger Hölzig erschlagen und erst im Tod 42 Mal mit einem Messer zerstochen? Solcher Blutrausch kann nur Geisteskranken zugeschrieben werden. Trotz intensivster Ermittlungen: Der Mörder des achtjährigen Rüdiger Hölzig wurde nie gefunden.

DIE VERMAUERTE FRAU

In den Siedlungshäusern am Rande der Stadt wohnen Familien. Man kennt einander, man hilft sich. So ist man verwundert, als Ernst Stöber seine Frau als vermisst melden muss. Er gibt zu, sich mit Hildegard gestritten zu haben. Möglich scheint, dass sie Wohnung und Gatten und Sohn auf immer verließ. Aber Hildegard Stöber bleibt verschwunden, sosehr man auch fahndet. Eine Flucht in den Westen gilt als wahrscheinlich. Der Ehemann trauert und ändert sein Leben. Eine Tragödie. Nach Jahren findet er eine neue Liebe. Nach Jahren wird Hildegard Stöber gefunden. Sie hat ihr Wohnhaus niemals verlassen.

▣ Januar 1969: Jan Pallach verbrennt sich auf dem Prager Wenzelsplatz. Richard Nixon wird 37. Präsident der USA. Im saarländischen Lenbach schießt man Soldaten ab. Michael Schumacher und Marilyn Manson erblicken das Licht der Welt. Die Beatles geben ihr letztes Konzert. Die Leipziger Stadtreinigung hat Schwierigkeiten, die Straßen vom Schnee zu beräumen. Es ist unwirtlich. Der Winter ist kalt. Am 9. Januar, eine Viertelstunde vor Mitternacht, erscheint Ernst Stöber auf dem Polizeirevier Leipzig-Süd und „zeigt an, daß seine Frau nach einem Ehestreit seit dem Sonnabend, den 04.01.1969 gegen 19.30 Uhr vermisst wird". Es folgen Angaben zu Person und Ehestand.

„Wir sind seit 1954 verheiratet. Im gemeinsamen Haushalt lebt ein Junge im Alter von zehn Jahren. Meine Ehefrau ist berufstätig (als Heimarbeiterin – Näherin für VEB Vestis)." Ernst Stöber ist Werbeleiter beim Staatlichen Kontor für Unterrichtsmittel und Schulmöbel, Eutritzsch, Dessauer Straße. „Unsere Ehe ging in den ersten Jahren sehr gut. Seit dem Sommer des vergangenen Jahres ist meine Ehefrau eifersüchtig und verdächtigt mich des Verkehrs mit anderen Frauen. Obwohl es unbegründet ist, und ich ihr in der Folgezeit keinerlei Anlass gab, glaubte sie mir nicht. Es kam dann immer häufiger zu Ehestreitigkeiten zwischen uns.

Am Sonnabend, den 04.01.1969, bereits in den Mittagsstunden, gab es eine kleine Auseinandersetzung zwischen mir und meiner Ehefrau wegen finanziellen Angelegenheiten, indem sie behauptete, dass ich mein Geld mit anderen Frauen durchbringen würde. Da meine Ehefrau am Abend immer noch keine Ruhe gab, sagte ich ganz unbewusst, dass ich abhauen würde, da ich es nicht mehr aushalten könnte. Ich sagte diese Worte in meiner Aufregung und dachte jedoch ernsthaft nicht daran. Meine Ehefrau nahm diese Worte jedoch zum Anlass, um auf mich zuzuspringen und mir mit ihren Fingern das Gesicht zu zerkratzen. Dabei äußerte sie, dass sie mich erst für die andere Frau schön machen will, bevor ich gehe. Sie brachte mir dadurch einige sehr scharfe Kratz- und Schürfwunden an der linken Gesichtshälfte bei. Da ich mir das nicht gefallen lassen konnte, hielt ich sie fest, und es kam zu einem kurzen Handgemenge, wobei ich sie von mir stieß. Geschlagen habe ich sie nicht. Anschließend ging ich in ein anderes Zimmer, um mich zu beruhigen. Als ich kurze Zeit später nach meiner Ehefrau sehen wollte, war sie nicht mehr in der Wohnung. Ich warf mir meinen Mantel über und lief auf die Straße, um sie zu suchen. Ich ging an diesem Abend zu einigen Verwandten und Bekannten, jedoch war sie nirgends anzutreffen. In den folgenden Tagen habe ich weiter nach dem Verbleib meiner Frau geforscht. Ich habe alle in Frage kommenden Verwandten und Bekannten, Arbeitskollegen usw. befragt bzw. aufgesucht, jedoch blieb dies bisher ohne Erfolg. Ob sich meine Ehefrau etwas angetan haben könnte, kann ich nicht einschätzen. Ich weiß nicht einmal, ob sie dazu fähig wäre."

Zunächst hatte Ernst Stöber das Verschwinden seiner Ehefrau mit einer Reise begründet. Denn es verwunderte den Verwandten- und Bekanntenkreis, dass Hildegard nicht mehr zu Hause war. Zu ihrer Schwester sei sie gefahren, zur Cousine nach Hannover … Er wisse es nicht, sagt Ernst, ist fahrig und geknickt. Auch Sohn Hans glaubt, seine Mutter sei verreist und käme bald wieder. Doch mit diesen Ausflüchten wird das Verschwinden von Hildegard Stöber nicht erklärt. Deswegen nun die Anzeige.

Nach Rücksprache mit dem ABV notieren die Kriminalisten: „Familie Stöber wird im Wohngebiet gut beleumundet. Ihre Familienverhältnisse werden als geordnet eingeschätzt. Beide Eheleute sind parteilos, jedoch haben sie aktiven Anteil an der gesellschaftlichen Arbeit an der 8. Oberschule, Winklerstraße. Herr Stöber ist Mitglied des Elternbeirats und Vorsitzender einer Kommission. Frau Stöber arbeitet im Elternaktiv in der Klasse ihres Sohnes. Oft hat sich das Ehepaar Stöber an Renovierungsarbeiten der Klassenzimmer beteiligt. Frau Stöber hat in der Klasse für die leistungsschwachen Schüler Förderunterricht gegeben. Im Elternaktiv, wo sich selbst der zuständige ABV, Genosse Merkatz, befindet, war bisher von Seiten der Frau Stöber guter Kontakt. Sie haben gemeinsam mit ihren Ehepartnern kleine gesellige Abende organisiert und haben auch gemeinsam Silvester 1968/69 in der Wohnung der Vorsitzenden des Elternaktivs, Frau Brocksch, Nibelungenring 13, gefeiert. Daran hat das Ehepaar Stöber teilgenommen. Im Wohngrundstück Dürrstraße 65 ist ebenfalls die Familie Stöber als vorbildlich bekannt. Der Ehemann Stöber ist sehr hilfsbereit, ruhig und zurückhaltend. Zur Zeit steht er in einem Fernstudium (an der Fachschule für Binnenhandel)." Die Hausbewohner haben nichts Außergewöhnliches zu berichten. Sicher haben die Nachbarn mal laute Worte bei den Stöbers gehört. Er studierte, sie saß daheim und nähte. Aber anderen geholfen haben die Stöbers, waren freundlich, eine sozialistische Hausgemeinschaft ist die Dürrstraße 65. Nichts Auffälliges, sagt auch Polizeiwachtmeister Geigler, der im selben Haus, zwei Etagen über Stöbers, wohnt.

Was ist passiert? Die Befragten haben keine Antwort. Der 25-jährige Neffe Ernst Stöbers meint zum Verschwinden Tante Hildegards: „Im sogenannten Familienkreis hat man schon die verschiedensten Versionen aufgestellt, und man habe sich noch zu keinem rechten Entschluss durchringen können. Teils vermutet man, dass Ernst Stöber an der Tante ein Verbrechen begangen hat, und teils ist man wiederum der Ansicht, sie hat sich vielleicht doch das Leben genommen." Selbstmordabsichten hat Hildegard Stöber nie geäußert. Ihre Mutter traut dem Schwiegersohn jedoch so manches zu. Fremdgegangen sei der Ernst. Uneheliche Kinder soll er haben. Hildegard habe sich schon beim Betriebsleiter ihres Mannes im Staatlichen Kontor für Unterrichtsmittel und Schulmöbel beschwert, wo Ernst Stöber Werbeleiter ist.

Ernst Stöber hatte außereheliche Beziehungen. „An dieser Stelle möchte ich noch mit einfügen, dass ich nicht direkt darauf ausgegangen bin, Frauenbekanntschaften zu machen. Diese Umstände ergaben sich immer aus gewissen Situationen heraus. Die Frauen warben auch nicht um mich, kamen mir aber in dieser Beziehung immer entgegen. Anfang April wurde das Verhältnis zu Frau Mehnert gelöst. Am 18.12.1958 wurde mein erstes und einziges Kind Hans geboren. Als ich das Verhältnis zur Frau Mehnert unterhalten habe, habe ich meine Frau auch wissen lassen, dass ich mich von ihr zu trennen gedenke. Ich begründete meinen gefassten und zum Ausdruck gebrachten Entschluss mit der mir gegenüber aufgebrachten Gefühlskälte meiner Frau. Über mein Vorhaben war meine Frau sehr erschüttert. Nachdem ich das Verhältnis mit Frau Mehnert gelöst hatte, glätteten sich alle Angelegenheiten in unserer Ehe, bis ich im November 1959 ein neues außereheliches Verhältnis begann.

Ich kann heute nicht mehr sagen, wann es war, jedenfalls hat im Betriebsferienheim eine Unterhaltung stattgefunden, wo mich eine Kollegin fragte, wie es meinen ‚Kindern‘ geht. Sie fragte konkret nach dem Jungen und dem Mädel. Wie sie auf eine solche Frage kam, weiß ich nicht und ich weiß auch nicht, wie sie darauf gekommen ist, von zwei Kindern zu reden. Jedenfalls sagte ich zu ihr, in der Annahme, es drehe sich um eine Scherzfrage, dass es dem Jungen gut geht und auch das Mädel wachse und gedeihe. Aus diesem Scherz muss nun der Umstand entstanden sein, der für mich schreckliche Folgen hatte. Von diesem Moment an, als die Kollegin im Ferienheim nach meinen ‚Kindern‘ fragte, glaubte meine Frau ganz ernstlich, und es war ihr mit nichts auszureden, dass ich noch ein außereheliches Kind, für das ich finanziell aufkommen muss, habe … obwohl ich meiner Frau hinreichend Wirtschaftsgeld gab, ließ sie mich mehrfach wissen, dass ihr Geld nicht reicht. In diesem Zusammenhang hielt sie mir immer wieder vor, dass ich ihr ja auch nicht mehr geben kann, weil ich ja für ein uneheliches Kind zu zahlen habe."

Kein Zweifel, die Ehe der Stöbers funktionierte bei Weitem nicht so gut, wie sie nach außen wirkte. Glaubhaft scheint, dass die Gattin aufgeregt und wütend die Wohnung verließ. Zumal Ernst Stöber sagt, dass Hildegard schon zweimal die Nacht nach einem Streit außer Haus verbrachte. Er wüsste allerdings nicht wo. Bei der Schwester in Falkenstein? Bei ihrer Mutter? Er hat nie danach gefragt.

Zu den Ereignissen am Tag des Verschwindens unterhält man sich auch mehrmals detailliert mit dem zehnjährigen Sohn Hans. „Ich war schon am Einschlummern, als ich zuerst ein Krietschen und danach einen Hilferuf hörte. Es wurde richtig um Hilfe gerufen. Erst habe ich gedacht, das Hilferufen komme aus der Nebenwohnung oder von oben, aber das Krietschen kam aus unserer Wohnung. Das war auch der Grund, warum ich aufgestanden bin. Ich bin zuerst in die Wohnstube gegangen. Hier brannte das Licht, aber meine Eltern waren nicht hier. Deshalb ging ich in die Küche, weil ich von dort so schlürfende Geräusche hörte. Ich habe gedacht, daß sich meine Eltern in der Küche aufhalten. Ich bin nicht rein in die Küche gegangen, sondern an die Küchentür. Die Küchentür stand halb offen auf, und ich stand in der offenen Tür im Vorsaal und schaute in die Küche hinein. Die Küche habe ich nicht betreten, weil der Vati zu mir sagte: ‚Geh nur ins Bett, es ist nichts.' Ich selbst hatte den Vati gefragt, was los ist. Daraufhin guckte der Vati zu mir und schickte mich zurück ins Bett.

Was hast du in der Küche gesehen?

Meine Mutti lag mit dem Kopf hinter dem Regal am Aufwaschtisch auf dem Fußboden. Sie lag dabei nicht auf dem Rücken, sondern mehr auf der Seite. Ein Bein war langgestreckt und das andere Bein angewinkelt, es sah aus, als ob sie sich damit angestützt hatte. Das war die linke Hand, und die die rechte Hand lag neben dem Kopf am Fußboden. Ich sah von meinem Standort, wie sie ihren linken Unterarm sinken ließ. Das Gesicht meiner Mutti habe ich nicht gesehen, aber ihre Haare, die ihr ins Gesicht hingen. Ich sah auch noch, daß sie das eine Bein, was angewinkelt war, langstreckte.

Wo war der Vati?

Der war auch in der Küche. Er hatte sich über Mutti gebeugt. Er kniete dabei. Ich glaube, die linke Hand hatte mein Vati auf dem Fußboden aufgestützt, und die rechte Hand hielt er der Mutti auf die Schulter. Es sah jedenfalls so aus. Ganz genau konnte ich das aber nicht sehen, da sie etwas hinter dem Vorhang am Abwaschtisch lagen.

Hat deine Mutti am Fußboden bewußtlos gelegen?

Ich habe nur gesehen, dass meine Mutti tief geatmet hat, das sah ich, wie sie den Rücken bewegte, so, als ob ein Mensch tief Atem holt.

Hans, überlege einmal, ob der Vati an dem Abend, als das in der Küche mit der Mutti war, danach an dein Bett gekommen ist und dich gefragt hat, wo die Mutti ist?

Solange ich munter war, ist weder meine Mutti noch mein Vati zu mir ans Bett gekommen. Ich weiß auch nichts davon, daß der Vati danach fragte, wo die Mutti hin ist. Vati hat mir doch am anderen Tag gesagt, die Mutti ist nach Falkenstein gefahren.

Wer ist dir eigentlich lieber, der Vati oder die Mutti?

Meinen Vati habe ich lieber als meine Mutti. Mit ihm verstehe ich mich besser. Die Mutti wird immer so schnell nervös und spricht dann so laut. Aber gut war meine Mutti zu mir auch."

Flucht, Unfall, Selbstmord, Mord scheint vorstellbar und möglich. Eine der Geliebten: „Ich schätze Ernst Stöber als einen ruhigen, ausgeglichenen Menschen ein, der aber auch, wenn er irgendwie zu Unrecht kritisiert oder anderweitig beschuldigt wird, sehr zornig werden kann. In Bezug auf Einhaltung der ehelichen Treue und überhaupt der Moral nimmt er es nicht sehr ernst. Mein Ehemann war mehrmals bei Frau Stöber und hat sich mit ihr unterhalten und Briefe zu lesen gegeben, die Ernst von Prag an mich geschrieben hatte." Stöber – ein Mann, der seine Hemmungen verlieren kann?

Die Polizei lässt Hildegard Stöber suchen. Hundertschaften durchkämmen die Brachflächen von Lößniger Baggersee bis Probstheida, Südfriedhof, Dölitz, Connewitz, dazwischen Heide, Wäldchen und Ruinen. Gefunden wird die vermisste Frau von keinem. Im April entschließen sich die Ermittler, die Fahndung öffentlich zu machen. Auch in der Tagespresse der angrenzenden Bezirke wird die Vermisstenanzeige gedruckt. „Seit dem 4. Januar wird die 36-jährige Hildegard Stöber aus Leipzig gesucht. Die Vermißte ist 168–170 Zentimeter groß, schlank und hat mittellanges, welliges kastanienbraunes Haar, bekleidet war sie mit einem roten Tuchmantel – einreihig, auf Taille gearbeitet mit schwarzer Seidenfütterung, blauem Rock, lila Pullover, Pelzkappe aus spanisch Lamm, braun-beige, braune Schaumlederstiefel mit Reißverschluß. Bei sich trägt sie eine braune Stadttasche" Die polizeiliche Personenbeschreibung vermerkt noch: „Braune Augenfarbe. Besondere Kennzeichen: am linken Schienbein eine blasenartige Wucherung, blauschwarz." Hildegards Personalausweis hat Ernst Stöber nicht daheim gefunden, die Verschwundene muss ihn bei sich tragen. Wer kann Angaben machen? Keiner.

Hildegard Stöber bleibt verschwunden: Tage, Monate, Jahre. Das alltägliche Leben normalisiert sich. Ernst Stöber bleibt ein gebrochener Mann. Hatte er vordem den Ruf eines Frauenhelden, gilt er nunmehr als beinahe spießig, lebt zurückgezogen, findet später ein neues Glück. „Ich lernte meinen jetzigen Ehemann Anfang Juli 1971 kennen. Ich war damals bei meiner jetzigen Schwägerin Annegret Stöber zu Besuch. Ich selbst lag damals in Scheidung und zwischen meiner jetzigen Schwägerin und mir bestand ein freundschaftliches Verhältnis. Da es zwischen meiner Tochter Karen und dem Hans von Anfang an zu einem sehr guten gegenseitigen Verständnis kam, übertrug sich dies in der Folgezeit auch auf mich und meinen jetzigen Ehemann. Wir trafen uns dann in kürzeren Abständen und unserer gegenseitige Zuneigung vertiefte sich. Am 23. 03. 1973 haben wir dann die Ehe geschlossen. Ich möchte einfügen, dass es eine Eheschließung aus Liebe und Zuneigung war und dass dies verstärkt wurde durch das gute gegenseitige Verstehen der beiden Kinder. Im September 1973 zog meine Tochter erst allein nach Leipzig, und mein Mann versorgte beide Kinder. Ich konnte auf Grund meiner beruflichen Tätigkeit nur an den Wochenenden zu meiner Familie fahren. Mitte Januar 1974 zog ich dann endgültig nach Leipzig. Ich hatte hier eine passende Arbeitsstelle gefunden, und wir lebten ab dieser Zeit zusammen", so Marianne, Ernst Stöbers zweite Gattin. Man hat sich eingerichtet. Das Familienleben ist intakt.

Über den Auslöser der nachfolgenden Ereignisse gibt es unterschiedliche Versionen. Fakt ist: Am 7. Mai 1976 wird im Keller des Hauses Dürrstraße 65 eine Mauer eingerissen und die mumifizierte Leiche Hildegard Stöbers gefunden.

Wolfgang Mittmann und Curt Klausmann, die Rechercheure des Buches *Die geheime K1 der DDR,* beschreiben, dass die Ermittler eine der ehemaligen Geliebten von Ernst Stöber, nicht aus den Augen ließen. Diese Frau soll der Polizei Jahre später über die Ereignisse des 4. Januar des Jahres 1969 Folgendes berichtet haben: „In jener Nacht, als das mit seiner Frau passiert ist, kam er in meine Wohnung gelaufen. Er war völlig aufgelöst, schluchzte in einer Tour und sagte, dass er seine Frau erwürgt hat. Er wollte, dass ich ihn zur Dürrstraße begleite, um bei der Beseitigung der Toten zu helfen. Das habe ich abgelehnt, riet ihm stattdessen, sich der Polizei zu stellen. Geschlagene zwei Stunden dauerte es, bis ich ihn endlich wieder vom Hals hatte." Auf die Frage, wohin Stöber mit der Leiche wollte, antwortete die Zeugin: „Ich habe ihn bei einer späteren Begegnung beiläufig gefragt, worauf er bloß meinte: ‚Lass gut sein, nicht mal die Leute im Haus wissen, dass sie jeden Tag über sie hinweggehen …'" Darauf schlussfolgern die Ermittler messerscharf: Leiche unter der Treppe. Sie beginnen, dort Mauersteine abzutragen.

Glaubhaft erscheint die Version, aber Fragen bleiben. Warum offenbarte sich die Zeugin erst nach Jahren? Bis dahin belastete sie ihr Gewissen nicht. Ein kaum glaublicher Zufall ist, dass die Ermittler genau diese Mitwisserin nach dem offiziellen Abschluss der Ermittlungen niemals aus den Augen ließen, und die nunmehr die Wahrheit spricht. Grandios der Schluss, „drübergehen" – Treppenhaus, Keller, Mauer, Leiche. In der Polizeiakte gibt es kein Indiz, das diese Erklärung der Ereignisse stützte.

Auch für die andere Version findet sich kein Beweis. Aber Zeitzeugen beschwören diese Wahrheit: Ein Erdbeben hätte Haarrisse im Mauerwerk des Hauses verursacht. Der

Hund einer Anwohnerin bellte fortan vor Stöbers Keller und war nicht mehr von dort wegzubringen. Daraufhin wurde vermutet, eine dort befindliche Gasleitung sei leck. Die Hundehalterin verständigte Handwerker, die den Mauerabriss veranlassten. Literarisch verarbeitet Wilhelm Strube die Geschichte: „Das Erdbeben", 1982. Laut Akte kamen keine Klempner, sondern die Kriminaltechniker. Andererseits zeigt die seismologische Kurve für Leipzig am 6. Mai 1976 tatsächlich einen Ausschlag, das Epizentrum des Bebens lag in Italien, im Friaul. Einen Tag darauf wird Hildegard Stöbers Leiche entdeckt. Auch die Geschichte mit dem Hund könnte möglich sein.

Die offizielle Akte spricht von einem anonymen Hinweis aus der Bevölkerung. „Im Rahmen der Bearbeitung der Vermisstenanzeige vom 09. 01. 1969 besteht auf Grund des Studiums von Bauzeichnungen des Wohngrundstücks und durchgeführte Vermessungsarbeiten im Kellergeschoß der dringende Verdacht, dass die als vermißt gemeldete Stöber, Hildegard, als Leiche im Keller des Wohngrundstückes 703 Leipzig, Dürrstraße 65 verborgen sein kann. Der dringende Tatverdacht richtet sich auf den Ehemann und ergibt sich aus dem bisherigen Ermittlungsergebnis." Stöbers Keller befindet sich unter den ersten Stufen des Treppenhauses. Am Ende sind fein säuberlich 20 Zentner Briketts gestapelt. Dahinter stößt man auf eine Mauer, die laut Bauzeichnung nicht existiert. Die Steine werden abgetragen. „Die Leiche wird gegen 17.32 Uhr aufgefunden. Sie liegt im Bereich der unteren drei Stufen der in den Kellervorraum führenden Seitentreppe. Die Leiche liegt in Rückenlage mit nach oben angewinkelten Beinen. Die Leiche ist in eine Kunststoffplane eingepackt und fünfmal mit Leinenbändern verschnürt. Die Leiche wird zur weiteren Besichtigung im unveränder-

ten Zustand in das Institut für gerichtliche Medizin überführt."

Das Leichenöffnungsergebnis liegt am 18. Mai vor.

„Die Sektion ergab: Leiche einer 39-jährigen Frau.

Zeichen längerer Leichenliegezeit: Vorwiegend ho-
mogene fetthaltige, mit öliger Flüssigkeit durchtränkte
Gewebsumwandlung. Organe und Muskulatur nicht mehr
differenzierbar. Ölig, fettiger Brei im Bereich der seitlichen
Rumpfpartien. Fettwachsveränderungen am linken Bein
und vereinzelt am Rumpf. Auflösung der sehnigen Kno-
chenverbindungen. Schwarz-bräunliche Eintrocknung und
Schrumpfung der Haut, insb. der Gesichtshaut. Teilskelet-
tierung von Händen und Armen mit schmierig-brüchigen
Resten eingetrockneter Haut.

Hinweiszeichen auf einen Würgeprozeß: Abbruch und
Lösung der sehnigen Verbindung des linken großen Zungenbeinfortsatzes.

Hinweiszeichen auf eine stumpfkantige Gewalteinwirkung gegen den Kopf: Fragliche Kopfhaut- und Kopf-
schwartenzusammenhangstrennung im linken seitlichen
Kopfbereich hinten mit fraglicher kindertellergroßer Unter-
blutung der Kopfschwarte darunter. Keine Knochenbrüche.
Weichteile und Organe nicht mehr beurteilbar.

Todesursache: Infolge hochgradiger Leichenverände-
rungen nicht mehr sicher feststellbar, möglicherweise Er-
würgen ...

Als Hinweiszeichen einer Gewalteinwirkung ließen sich
zwei Feststellungen treffen. Einmal kann die im linken Hin-
terhauptsbereich als Hautzusammenhangstrennung im-
ponierende Veränderung der Kopfschwarte durch ein An-
schlagen dieses Kopfbereiches auf oder an einem kantigen
Gegenstand entstanden sein. Eine Knochenbeschädigung

in diesem Bereich war nicht feststellbar. Eine sichere Aussage, ob diese Veränderung zu Lebzeiten entstanden ist oder bei der Leichenliegezeit bedingten starken Brüchigkeit der Kopfscharte durch Bewegungen der Leiche gesetzt wurde, kann nicht getroffen werden. Zweitens wurde in dem Fettgewebsbrei das Zungenbein mit anhaftenden re. großen Fortsatz und getrennt der li. große Fortsatz aufgefunden. Wie Untersuchungen an der Verbindungsstelle zwischen re. großen Fortsatz und Zungenbeinkörper ergaben, liegt hier eine Teilverknöcherung vor, so daß die Abtrennung des li. großen Fortsatzes vom Zungenbeinkörper nicht spontan, sondern durch Gewalteinwirkung entstanden sein muß. Dieser Abbruch des li. Zungenbeinfortsatzes ist am ehesten durch einen Würgeprozeß bei der lebenden St. Zu erklären, ob mit linker oder rechter Hand gewürgt wurde, ist verständlicher Weise nicht mehr möglich."

Ernst Stöber ist des Mordes an seiner Frau verdächtig und wird sofort in Untersuchungshaft genommen. Er ist das vierte Kind der Familie, geboren in Leipzig am 10. Oktober 1926. Bruder Hans ist im Krieg gefallen. Schwester Ellen Böttcher ist in Dessau verheiratet. Bruder Werner wohnt nahebei am Nibelungenring, die Geschwister haben ein gutes Verhältnis. Ernst Stöber absolvierte eine Lehre als Schriftsetzer, wurde 1943 Facharbeiter. Danach Reichsarbeitsdienst, Wehrmacht, Nachrichtenausbildung in Jugoslawien, sowjetische Front. Er wurde schwer verwundet, lag im Lazarett bis April 1945. Jetzt ist er Chef der Werbeabteilung im Staatlichen Kontor für Unterrichtsmittel und Schulmöbel. Betriebsleitung und Gewerkschaftsbund können nichts Negatives sagen. „Kollege Stöber wurde für vorbildliche Arbeit 1962 mit der ‚Medaille für ausgezeichnete Leistungen', 1965 mit der ‚Dr.-Theodor-Neubauer-Medaille' in Bronze und anläßlich seiner 20-jährigen Betriebszugehörigkeit als ‚Aktivist der sozialistischen Arbeit' im Jahr 1973 ausgezeichnet. Weiterhin wurden seine Einsatzbereitschaft, Fachkenntnisse und guten Leistungen des öfteren mit Geldprämien anerkannt. Trotz der Anerkennung seiner Leistungen gab Koll. Stöber in seinem persönlichen Auftreten im Betrieb Veranlassung, daß mit ihm wiederholt Aussprachen wegen seiner Verhältnisse mit Kolleginnen (obwohl er verheiratet war) geführt werden mußten. Über die gegebenen Hinweise setzte sich Koll. Stöber mit der Meinung hinweg, daß dies seine Angelegenheiten seien. Es muß jedoch gesagt werden, daß das Verhalten des Koll. Stöber in dieser Beziehung etwa seit Anfang der 70-er Jahre korrekt war und kein Anlaß mehr für solche kritischen Hinweise bestand." Das damals begonnene Fernstudium brach Kollege Stöber aufgrund seiner familiären Situation ab. Da er aber „zur Ausübung seiner Funktion einen Qualifikationsnachweis braucht, wurde er erneut 1975 zum Fachschul-Teilstudium delegiert. Der Vorbereitungslehrgang wurde mit sehr guten Noten abgeschlossen, das Teilstudium nahm Koll. Stöber im Herbst 1975 auf."

Auch privat hat Ernst Stöber die schwere Krise überwunden. Bei Bekannten lernte er die 15 Jahre jüngere Eva-Maria kennen, eine Ingenieur-Ökonomin, die im VEB Braunkohlenbohrung Gaschwitz arbeitet. So wie er war sie alleinerziehend. Sie zogen zusammen, heirateten. Die Kinder vertragen sich gut. „Meine Ehe und unser Familienleben kann ich nur als vorbildlich bezeichnen. Mein Mann war ein sehr guter Ehemann und auch Vater, wobei er zwischen seinem leiblichen Sohn und meiner Tochter nie einen Unterschied machte. Ich konnte mir nie einen besseren Mann und Vater für meine Tochter vorstellen. Unsere Ehe basierte immer auf einem gegenseitigen Vertrauensverhältnis und Liebe, was sich immer auf die Kinder übertrug. Da wir beide im Berufsleben standen, wurden alle anfallenden Arbeiten im gegenseitigen Einverständnis und arbeitsteilig durchgeführt. Ich kann meinen Ehemann nicht verurteilen, da ich ihn nur als guten Menschen kenne und mir seine begangene Straftat unverständlich und nicht begreifbar ist."

Ernst Stöber flüchtet nicht in Lügen, weicht nicht aus. Ein wenig spricht der Wahnsinn poescher Helden – *Das verräterische Herz, Der schwarze Kater* – aus seinen Worten. Ernst Stöber macht reinen Tisch, schreibt dem ermittelnden Staatsanwalt: „Ehe ich zum letzten, noch nicht voll und richtig ausgesprochenen Hergang der Tat komme, habe ich das Bedürfnis, Ihnen zu sagen, daß diese Schilderung dann wirklich den Tatsachen entspricht. Ich habe dann alles gesagt, was mir von damals in Erinnerung geblieben ist. An dieser, dann von mir schriftlich gegebenen, Erklärung, kann ich dann wirklich nichts mehr ändern, weil sie dann nicht mehr der Wahrheit entsprechen würde. Meine Erklärung gebe ich nicht ab, weil ich mir dadurch eine Strafmilderung erhoffe, sondern weil damit alles von meiner Seele loswerden möchte, was mich sieben Jahre so schwer bedrückte, daß ich oftmals nicht mehr wußte, wie ich noch alles durchhalten soll. Mit dieser Schilderung möchte ich den Ablauf der Tathandlung bekanntgeben.

Ich habe im entscheidenden Augenblick meines Lebens versagt und dadurch große Schuld auf mich geladen. Daß mich eine schwere Strafe erwartet, kann ich mir denken. Meine Familie, die ich von Herzen liebe und verehre, hat zwar erklärt, daß sie trotz allem zu mir hält. Diese Erklärung könnte mir ja – in meiner mir fast ausweglos erscheinenden Lage – ein Trost und Halt sein. Ich weiß aber wirklich nicht, ob ich diese edle Absicht für mich in Anspruch nehmen darf! Meine Frau würde viele schöne Jahre ihres Lebens für mich opfern. Dieses große Opfer meiner Frau aufzuerlegen, dazu habe ich kein Recht mehr. Der Gedanke, eine solch wunderbare Frau und solch gute Kinder zu verlieren, ist sehr schmerzlich. Am Ende aber wird mir nichts anderes übrig bleiben. – Für Ihre jederzeit korrekte und menschliche Art mir gegenüber, möchte ich Ihnen, sehr geehrter Herr Staatsanwalt, meinen aufrichtigen Dank aussprechen …

Nach dem Abputzen des Weihnachtsbaumes, bei dem es zu heftigen wörtlichen Auseinandersetzungen kam, begab ich mich in das sogenannte Studentenzimmer, das Zimmer, welches wir vermieten. Erst räumte ich noch auf, weil einige Tage später ein neuer Student einziehen wollte. Am Morgen hatte ich dort schon eine Reparatur an der Jalousie durchgeführt. In diesem Zimmer hielt ich mich etwa ab 17 bis kurz vor 18 Uhr auf. Meine Erregung war sehr stark und meine Gedanken wollten sich nicht damit abfinden, daß es zu keiner Einigung mit meiner Frau kommen sollte. Denn ich wollte weder meine Frau, noch mein Kind verlassen. Das Abendessen nahmen wir gegen 18 Uhr in der Wohnstube ein. Ich habe nur ein paar Bissen gegessen, als Ansporn für Hans, denn ich hatte keinen Appetit. Vor Aufregung konnte ich nichts herunterbringen. Nachdem wir gemeinsam Hans zu Bett gebracht hatten, begab ich mich – zwischen 18.30 und 18.45 Uhr – wieder in das Studentenzimmer. Meine Frau wischte inzwischen die Küche. Auch ich hatte einen Eimer mit Wasser mitgenommen, um am Fenster und davor die Spuren der Jalousiereparatur zu beseitigen. Etwa gegen 19 Uhr ging ich mit dem Eimer und dem Handwerkszeug wieder in die Küche. Den Eimer stellte ich neben der Spüle ab, das Handwerkszeug legte ich auf die Herdplatte. Ich fragte meine Frau, ob sie sich überlegt habe, wo das Geld – besonders aber auch meins – geblieben sein könnte? Sie fuhr mich darauf überrascht an: ,Wo dein Geld geblieben ist, weiß ich, du Hurenbock, da brauche ich nicht erst zu überlegen!' (in ungefähr dem Wortlaut). Diese Worte brachten mich erneut ungemein auf und eine ungeheure, noch nie dagewesene Wut überkam mich. Vor Zorn zitternd stand ich vor meiner Frau und sagte: „Jetzt reicht's mir aber – ich haue ab!' Darauf sie: ,Da mache ich dich aber erst noch schön für die andere!' Worauf sie mir blitzschnell ins Gesicht fuhr und mich kratzte. Als Gegenreaktion schlug ich von unten gegen die Unterarme meiner Frau. Dabei flog meine Brille in Richtung Balkontür gegen den Vorhang und dann auf die Erde. Was in meiner Frau vor sich ging, kann ich nicht sagen, aber sie muß mich in diesem Moment furchtbar gehaßt haben; dann plötzlich nahm sie das Küchenmesser, das ich von der Jalousiereparatur zurückgebracht hatte und mit dem anderen Werkzeug auf der Herdplatte abgelegt hatte. Sie stand mit dem Messer vor mir. Meine Erregung, meine Wut stieg ins Unermeßliche. Blitzschnell erfaßte ich den rechten Unterarm meiner Frau, drehte ihn nach außen weg, das Messer fiel zu Boden. Bei dem Handgemenge kam meine Frau zu Fall, sie kniete auf dem Boden. Wie sie erneut nach dem Messer greifen will, ergreife ich den Schraubenschlüssel auf der Herdplatte und schlage meiner Frau von hinten auf den Kopf. Sie schreit laut auf, ruft um Hilfe, beschimpft mich. Ich lasse den Schraubenschlüssel fallen. Meine Frau steht auf, ich an ihr vorbei zu meiner Brille, setze sie auf, meine Frau schreit noch immer. Beim Aufsetzen der Brille umfaßt meine Frau plötzlich meinen Hals und drückt zu. Als Gegenreaktion erfasse ich ebenfalls den Hals meiner Frau. Dabei kamen wir zu Fall. Ich war entweder auf den Scheuerlappen oder ihren Fuß getreten und gestolpert. Im Fallen schlug meine Frau an die Herdkante. Bei dem Fall verlor ich erneut meine Brille. Wir wälzten uns am Boden und ich drückte mit meinem Daumen den Hals meiner Frau zu. Ich war wie von Sinnen, als wäre das nicht meine Frau.

Ich bin nicht in der Lage zu sagen, wie lange ich noch in der Küche bei meiner leblosen Frau verblieben bin. Dafür hatte ich keine Zeitbegriffe. Jedenfalls habe ich sie noch am gleichen Abend in das sogenannte Studentenzimmer gebracht und dort habe ich sie abgelegt und mich dazu gesetzt und bitterlich geweint. Folgend beließ ich sie bis zum nachfolgenden Abend im Zimmer und erst in den Abendstunden des 05.01.1969 habe ich sie in den Keller gebracht."

Ein Unfall oder Körperverletzung mit Todesfolge. Die Tat war weder geplant noch Absicht. Argumente, die Ernst Stöber entlasten, gibt es viele. Er bereut. Er bereut zutiefst. Der Staatsanwalt berücksichtigt bei seiner Anklage diese Umstände und erhält darauf dieses Schreiben: „Soweit dem Beschuldigten weiterhin die Begehung einer vorsätzlichen Körperverletzung am 04.01.1969 zur Last gelegt wird, wird die Eröffnung des Hauptverfahrens vor dem 2. Senat des Bezirksgerichtes abgelehnt, da die gesetzlichen Voraussetzungen der Strafverfolgung fehlen. Eine solche Straftat ist nach §82 Abs. 1 Ziff. 2 StGB verjährt." Mord verjährt nicht. Am 9. September 1976 wird gegen Ernst Stöber Anklage wegen Mordes erhoben. Das Urteil wird gefällt.

„Im Namen des Volkes in der Strafsache gegen den Werbeleiter Ernst Stöber wegen Mordes hat der 1. Strafsenat des Bezirksgerichts Leipzig auf die Hauptverhandlung vom 21. und 24.09.1976 für Recht erkannt: Der Angeklagte wird wegen Verbrechens des Mordes nach § 112 Abs. 1 StGB zu *13 Jahren Freiheitsstrafe* verurteilt. Dem Angeklagten werden die staatsbürgerlichen Rechte gem. § 58 StGB auf die Dauer von acht Jahren aberkannt. Der Angeklagte wird verurteilt an den Freien Deutschen Gewerkschaftsbund einen Schadenersatz in Höhe von 2 940 M zu zahlen. Die Auslagen des Verfahrens einschließlich der dem Geschädigten entstandenen Auslagen hat der Angeklagte zu tragen."

Die Geldstrafe setzt sich zusammen aus 2 800 Mark zu Unrecht gezahlter Halbwaisenrente für Sohn Hans und 140 Mark ebenfalls zu Unrecht gezahlter Bestattungsbeihilfe für die Hinterbliebenen.

Ernst Stöbers Verteidiger kämpft mit allen Argumenten gegen dieses Urteil an, es ist nicht rechtens, die Merkmale eines Mordes wie Heimtücke oder Planung kennzeichnen diese Tat nicht. Doch das Oberste Gericht der DDR lehnt am 22. November 1976 diesen Antrag ab. „Mit der Berufung wird eine Verurteilung wegen Totschlags angestrebt und beantragt, die Sache an das Bezirksgericht zurückzuverweisen. Im Gegensatz zur Auffassung der Verteidigung hat das Bezirksgericht den Sachverhalt ausreichend aufgeklärt und nach zutreffender Beweiswürdigung richtig festgestellt ... Entgegen der mit der Berufung vorgetragenen Auffassung beruht die Entscheidung auch nicht auf Verfahrensmängeln." Und außerdem seien in der erfolgten Urteilsbegründung alle mildernden Umstände berücksichtigt worden. Die Höchststrafe wurde nicht verhängt.

Am 8. Februar 1984 schreibt Ernst Stöbers Schwester: „Sehr geehrter Herr Staatsanwalt! Ich möchte mich als Schwester in der Strafsache meines Bruders Ernst Stöber an Sie wenden. Seit 1976 befindet sich mein Bruder in der Strafvollzugsanstalt Brandenburg. Bis zum heutigen Tag sind über 50% seines Strafmaßes verbüßt. Aufgrund der guten Führung, die sich in Prämien, Sonderzuwendungen und -sprechern ausdrückt, bitte ich zu prüfen, ob mein Bruder vorzeitig entlassen werden kann. Ihrer wohlwollenden Antwort entgegensehend, verbleibe ich mit sozialistischem Gruß Ellen Böttcher"

Zunächst wird die Bitte abschlägig beschieden. „Die zur Zeit verbüßte Strafe ist noch zu gering und wird der Schwere der Tat nicht gerecht." Jedoch ergeht noch im selben Jahr der Beschluss: „In der Strafsache Stöber wegen Mordes wird dem Verurteilten hinsichtlich des noch nicht verwirklichten Teils der gegen ihn erkannten Freiheitsstrafe aus dem Urteil des Bezirksgerichts Leipzig Strafaussetzung auf Bewährung angeordnet. Als Tag der Entlassung wird der 20.12.1984 bestimmt. Die Bewährungszeit wird auf drei Jahre festgesetzt." Weihnachten feiert Ernst Stöber in Freiheit.

QUELLEN

■ **„EIN SCHAUSPIEL OHNEGLEICHEN"**

Akten des Stadtarchivs Leipzig.

Anonym: Curiöse Gespräche zwischen Prohaska, Jonas und dem Friseur Woyzeck. Leipzig, 1824.

Volker Braun: Ein anderer Woyzeck. Frankfurt/M, Leipzig, 2004.

Georg Büchner: Werke und Briefe. Leipzig, 1967.

Wolfgang Eckert: Sächsische Morde. Berlin, 1992.

Walter Fellmann: Mein Messer lob ich mir. Leipzig, 1994.

Hans Mayer: Georg Büchners Woyzeck. Frankfurt/M, Berlin, 1962.

Leipziger Tageblatt.

Werner Volkmar: Über die gerichtsmedizinische Gutachtertätigkeit der Medizinischen Fakultät der Universität Leipzig in der ersten Hälfte des 19. Jahrhunderts. Diss. Leipzig, 1966.

■ **„WEM SIE JUST PASSIERET ..."**

Akten des Sächsischen Staatsarchivs Leipzig.

Igor Bauersima: Norway today. Frankfurt/M, 2003.

Gottfried Keller: Die Leute von Seldwyla. Berlin und Weimar 1980.

Werner Liersch: Hans Fallada. Berlin, 1981.

Arno Meyer zu Küingdorf: Der Selbstmörder-Klub. Leipzig, 1999.

Martin Reso (Hg.): Expressionismus Lyrik. Berlin und Weimar, 1969.

◘ EIN HAUCH IM NACKEN

Akten des Sächsischen Staatsarchivs Leipzig.

Daniel Arasse: Die Guillotine. Die Macht der Maschine und das Schauspiel der Gerechtigkeit. Hamburg, 1988.

Johann Dachs: Tod durch das Fallbeil. München, 2001.

Leipziger Tageblatt.

Leipziger Zeitung.

Adolf Lippold: Von Nachtwächtern, Trödeljuden und Harfenmädchen. Erinnerungen eines alten Leipzigers. Leipzig, 2004.

Ingo Würth: Execution. Das Buch vom Hinrichten. Berlin, 1993.

◘ OPERATIONEN AM OFFENEN BUCH

Akten der Universitätsbibliothek Leipzig.

Akten des Universitätsarchivs Leipzig.

Der Prozeß gegen Dr. Wilhelm Bruno Lindner. Leipzig, 1860.

Gustav A. E. Bogeng: Umriß einer Fachkunde für Büchersammler. Berlin, 1909–1912.

Walter Fellmann: Doch das Messer sieht man nicht … Leipzig, 1994.

Steffen Hoffmann: Gesichter der Universität – Bruno Lindner. In: Universitätsjournal Leipzig 4/2006/28.

Bruno Lindner: Erzählungen. Leipzig, 1852.

Bruno Lindner: Martha und Maria. Leipzig, 1851.

Hans Marquardt (Hg.): Bücherwahn. Berlin, 1976.

Anja Schiemann: Verbrechen aus Bücherlust. In: NJW 10/2007/639-641.

◼ HERMES, FREUND UND KUPFERSTECHER

Akten des Stadtarchivs Leipzig.

Christian Heermann: Winnetous Blutsbruder. Bamberg, Radebeul, 2002.

Erich Loest: Swallow, mein wackerer Mustang. Berlin, 1980.

Karl May: Mein Leben und Streben. Freiberg, 1910.

Gerhard Klußmeier, Heiner Plaul: Karl May und seine Zeit. Bamberg, Radebeul, 2007.

Hainer Plaul: Illustrierte Geschichte der Trivialliteratur. Leipzig, 1983.

Jürgen Seul: Old Shatterhand vor Gericht. Bamberg, Radebeul, 2009.

◼ DER ZEHNMINUTENRAUB

Akten des Sächsischen Staatsarchivs Leipzig.

Winfried Löschburg: Der Raub der Mona Lisa. Berlin, 1974.

Winfried Löschburg: Leere Bilderrahmen, geköpfte Tempelgötter. Berlin, 2000.

Rudolf Thiele: Meister der niederländischen Kunst des 17. Jahrhunderts. Leipzig, 1973.

Verkehrs Verein Leipzig (Hg.): 500 Jahre Jubelfeier der Universität Leipzig, 1909.

Karlheinz Weber: Museumsräuber. Berlin, 1976.

Gerhard Winkler: Museum der Bildenden Künste Leipzig. Leipzig, 1979.

▣ BUNTMETALL

Akten des Sächsischen Staatsarchivs Leipzig.

Karl Marx: Lohn, Preis und Profit. Berlin, 1982.

Karl Marx, Friedrich Engels: Manifest der kommunistischen Partei. Leipzig, 1952.

Elser Maxwell (V. i. S. d. P.): deutschegeschichten.de.

Gustav Stolper: Deutsche Wirklichkeit. Hamburg, 1949.

Ulrich Waldner: Die Drei von der K: Gift vom Schwarzen Markt. Berlin, 1972.

▣ DIE GRIMMAER MASSENVERGIFTUNG

Akten des Sächsischen Staatsarchivs Leipzig.

Alfred Aichelin: Paul Schneider. Gütersloh, 1994.

Herbert Assmann, Herbert Schwiegk: Lehrbuch der Inneren Medizin. Berlin, 1942.

Linus Geisler: Innere Medizin. Stuttgart, 2006.

Peter Hübner: Abriss der sowjetischen Kulturpolitik. Köln, 1974.

Reinhard Ludewig, Karlheinz Lohs: Akute Vergiftungen. Jena, 1988.

Hans Pfeiffer: Der hippokratische Meineid. Leipzig, 1997.

Lutz Wernicke: Heimatgeschichten. Münster, 2004.

▣ FRIDOLIN! DIE FRAUEN STREIKEN

Akten des Sächsischen Staatsarchivs Leipzig.

Leipziger Volkszeitung.

Der Neue Tag, Weiden.

Gerd Müller: Die Geschichte der Leipziger Kriminalpolizei. Leipzig, 2011.

■ **EIN STEIN, EIN SCHUH, EIN STRUMPF, EIN KIND**
Akten des Sächsischen Staatsarchivs Leipzig.
Leipziger Volkszeitung.
Henner Kotte: Vergessene Akten, Leipzig, 2002.

■ **DIE VERMAUERTE FRAU**
Akten des Sächsischen Staatsarchivs Leipzig.
Marianne Kaufhold (Hg.): Verhör ohne Auftrag. Berlin,
    1982.
Wolfgang Mittmann/Curt Klaußmann: Die geheime K1 der
    DDR. Leipzig, 2006.
Edgar Allen Poe: Erzählungen. Berlin, Weimar, 1984.

In den zitierten Quellen wurden Orthografie und Grammatik beibehalten.